DAGMAR VON CRAMM

DAS MONATS-KOCHBUCH FÜR SCHWANGERE

Monat für Monat die perfekte Nährstoffpower

DAGMAR VON CRAMM

DAS MONATS-KOCHBUCH FÜR SCHWANGERE

Monat für Monat die perfekte Nährstoffpower

Text: Dagmar von Cramm
Food-Fotografie: Mona Binner

INHALT

1. Monat

2. Monat

3. Monat

4. Monat

JETZT IST EISEN WICHTIG

Ein wirkliches Lieblingsgericht, nicht nur im 5. Monat: Der Möhren-Kartoffel-Stampf mit Ei.

Bei der Schwangeren: Dein Baby kann Dich hören und speichert bereits Deine Stimme im Gedächtnis ab.

DEIN BABY IST JETZT ZIEMLICH AKTIV

5. Monat

6. Monat

7. Monat

8. Monat

9. Monat

VORWORT

Willkommen in meinem Ernährungskompass für diese besonders wichtige Zeit in deinem Leben. Du hast etwas Wunderbares vor dir! Ich möchte dich dabei begleiten und dir helfen, die Schwangerschaft wirklich für dich und dein wachsendes Kind zu nutzen – und sie zu genießen.
Neun Monate besser essen: Was könnte sinnvoller sein? Die ersten 1000 Tage des Lebens prägen unsere Genetik, das wissen wir heute. Sie sind eine Zeit, in der die Grundlage für Gesundheit und Gedeihen angelegt wird. Ernährung und Bewegung spielen dabei die Hauptrolle.
Und so wurde ich angefragt für eine Bewegungs-App für Schwangere einen Podcast über Ernährung beizusteuern. Und merkte: Das reicht nicht! Und dass die Inhalte zum Thema Essen bei allen Bewegungs-Apps für Schwangere absolut ungenügend sind. Das geht doch viel besser! Und muss es eine App sein? Das funktioniert doch auch in einem Buch.
Wo ich mein Lieblingsrezept des 1. Monats auch im 9. Monat auf Anhieb finde, weil die Seite einen Knick hat ... Das ich genüsslich in der Hand halte und mir dabei in Ruhe aussuchen kann, was ich gerne essen möchte. Das mir genau erklärt, worauf es nun ankommt. Nach diesem Prinzip habe ich mein Buch aufgebaut: In jedem Monat steht ein Nährstoff im Fokus, der besonders wichtig ist, den ich erkläre und der in allen Rezepten vorkommt, die ich dazu entwickelt habe. Natürlich sind diese Nährstoffe auch in der Stillzeit wichtig.
Du findest nicht nur Rezepte für Hauptgerichte, sondern auch zum Mitnehmen an den Arbeitsplatz, fürs Frühstück und als Snack. Außerdem hat jedes Kapitel einen Fokus auf typische Probleme, die besonders häufig auftreten, und wie du ihnen auf Ernährungsebene begegnen kannst. Am Ende der 9 Monate bist du fit in der Küche und weißt, was dir schmeckt und gut bekommt. Du hast die Grundlage für eine glückliche Geburt und eine gelungene Stillzeit gelegt – und letzten Endes für die Gesundheit deines Babys.
Gutes Essen, das konzentriert alle wichtigen Nährstoffe erhält, wird dir Kraft und Energie für die erste Zeit als Mutter geben. Und sie kann die Basis für eine gesunde Familienküche sein, die der Kern eines glücklichen Familienlebens ist. Das wünsche ich dir wirklich von Herzen.

Dagmar von Cramm

PS.: Wenn du Fragen hast, beantworte ich sie dir gerne. Auf meiner Seite, bei Instagram oder auf meinem YouTube-Kanal gibt es jede Menge Beiträge und immer wieder neue Rezepte zum Thema besser essen in der Schwangerschaft – schau einfach mal vorbei. Und sage mir, wenn dir etwas fehlt.

ERNÄHRUNGSWISSEN

Du versorgst jetzt nicht nur deinen Körper mit wichtigen Nährstoffen, sondern auch den deines Kindes. Es isst mit, was du zu dir nimmst. Deshalb ist die Ernährung in der Schwangerschaft so wichtig. Sie legt den Grundstein für die Gesundheit deines Kindes. Aber du solltest auch wissen, was deinem Kind nicht guttut. Denn darauf solltest du in den neun Monaten sicherheitshalber verzichten. Im Internet und in Foren gibt es unendlich viel Informationen – aber viele sind weder nachhaltig noch sinnvoll. Deshalb habe ich die aktuelle Studienlage recherchiert, bewertet und erklärt. Und es ganz praktisch aufs Essen, Trinken und Kochen bezogen.

WARUM ERNÄHRUNG FÜR DICH UND DEIN BABY JETZT SO WICHTIG IST

Die ersten 1 000 Tage nach der Verschmelzung der Keimzellen von Vater und Mutter stellen die Weichen für die »epigenetische Prägung« des Babys. Denn ein Kind kommt nicht mit unverrückbaren genetischen Anlagen auf die Welt. Seine Veranlagungen werden auch noch während der Zeit im Mutterleib und in den ersten beiden Jahren geprägt und verändert. Je besser es der Mutter geht, desto günstiger sind die Entwicklungschancen für das Kind. Dabei spielt die Ernährung für dich und dein wachsendes Kind eine besonders große Rolle. Denn **die Plazenta ist kein Filter**. Die meisten Stoffe gelangen über den Blutkreislauf der Mutter zum Baby. Das tut ihm gut, wenn es wichtige Nährstoffe sind. Es kann ihm aber auch schaden, wenn es sich um kritische Substanzen handelt. Deshalb ist nicht nur wichtig, was du isst, sondern auch worauf du lieber in den nächsten neun Monaten verzichtest.

Es geht aber nicht nur um dein wachsendes Kind, sondern ebenso um deine eigene Gesundheit. Bestimmte Nährstoffe wie Eisen, Kalzium, Jod und Eiweiß holt sich das Kind bei dir: Sie werden aktiv über die Plazenta zum Kind transportiert, auch wenn du selbst zu wenig davon hast. Das geht auf Kosten deiner Reserven – vor allem in den letzten drei Monaten der Schwangerschaft. Und genau das sollte eine vollwertige Ernährung vermeiden. **Nutze die neun Monate, um deine Speicher aufzufüllen!** Das hilft dir auch in den ersten Monaten mit deinem Baby.

NICHT MEHR, SONDERN BESSER ESSEN

Natürlich wächst der Kalorienbedarf im Verlauf der Schwangerschaft: Schließlich seid ihr zu zweit. Aber das macht sich erst in den letzten drei Monaten bemerkbar – vorher ist dein »Krümel« noch winzig. Im ersten Trimenon, also dem ersten bis dritten Schwangerschaftsmonat, brauchst du pro Tag nur ca. 100 Kalorien mehr. Das entspricht einem kleinen Apfel. Dagegen steigt der Bedarf an den Wachstumsvitaminen Folsäure und Vitamin B_{12} viel rasanter an – weil die Zellteilungsprozesse im Fötus extrem intensiv verlaufen. Einfach mehr zu essen hilft da nicht weiter. Im Gegenteil: Übergewicht lässt das Risiko für viele Komplikationen steigen.

Vom dritten bis sechsten Monat – im zweiten Trimenon – dürfen es täglich ca. 250 Kalorien mehr sein. Das ist aber nicht mehr als eine Scheibe Käsebrot! Erst in den letzten drei Monaten, im dritten Trimenon, brauchst du pro Tag 400 bis 500 Kalorien zusätzlich: ein üppig belegtes Sandwich oder einen zweiten Teller Pasta. Die Praxis zeigt: Oft steigt der Energiebedarf auch in den letzten Monaten nicht so stark, weil dein wachsender Umfang die Bewegung reduziert.

DAS HOLT SICH DEIN KIND VON DIR

*Dein Kind braucht jede Menge Bausteine, die es in seinen Körper – vor allem in sein Skelett einbaut: **30 g Kalzium** und **17 g Phosphor** machen seine Knochen stark und sind Teil seines Gewebes. **700 mg Magnesium** und ca. **70 mg Zink** hat es ebenfalls in seinen Knochen und in seinen Muskeln verbaut. Etwa **300 mg Eisen** finden sich in seinen roten Blutkörperchen. Kalzium, Phosphor, Magnesium und Eisen holt es sich auch auf deine Kosten, wenn diese Stoffe benötigt werden. Deshalb ist es so wichtig, dass du richtig gut damit versorgt bist!*

Du springst einfach nicht mehr so viel herum. Und wenn dann in den letzten sechs Wochen vor der Entbindung der Mutterschutz beginnt, sinkt die Alltagsbewegung in der Regel weiter.

GEHE ACHTSAM MIT DIR UM

- Versuche nicht mehr zu essen, sondern **bewusster**. In diesem Buch erfährst du Monat für Monat, was euch beiden besonders guttut.
- Achte auf **regelmäßige Mahlzeiten**. Mindestens dreimal am Tag solltest du richtig essen. Wenn du dich damit wohlfühlst, kannst du vormittags und nachmittags oder auch abends eine Kleinigkeit zusätzlich essen. Aber Vorsicht: Das kann schnell zu viel werden.
- Trinke **keine kalorienhaltigen Getränke** als Durstlöscher. Ein Smoothie, Shake oder Milchkaffee zählt als Zwischenmahlzeit. Das gilt auch für frisch gepresste Säfte. Mehr als ein Flüssigsnack pro Tag ist ungünstig.
- **Wiege dich regelmäßig**, denn deine Figur ändert sich jetzt grundlegend. Du brauchst elastische, bequeme Kleidung und verlierst das natürliche Körpergefühl für dein Gewicht. Da ist ja keine Hose mehr, die kneift, und kein Gürtel, der weiter gestellt werden muss. Das kann schon zu hemmungslosem Schlemmen verlocken.

Mit anderen Worten: Nutze die Zeit, um besser zu essen. Wenn du jetzt nicht über Gebühr zunimmst, brauchst du dir nach der Geburt keine Gedanken über dein Gewicht zu machen. Wenn dabei deine Nährstoffspeicher gut gefüllt sind, wirst du bessere Nerven und mehr Energie haben und dich schneller erholen!

WIE VIEL ZUNAHME IST OKAY?

Das hängt auch vom Ausgangsgewicht ab. Heute sind laut DGE bereits ein Drittel aller Schwangeren übergewichtig. Das liegt auch am höheren Alter bei der ersten Schwangerschaft: Mit Ende dreißig wiegen die meisten leider mehr als mit Anfang zwanzig! Deshalb ist es umso wichtiger, nicht so stark zuzunehmen, wenn du bereits zu viele Kilos auf die Waage bringst. Aber verzichte auf eine Diät: Abnehmen während der Schwangerschaft ist ungesund und kann für Mutter und Kind sogar gefährlich werden. Wenn du ohnehin schon sehr schlank bist, solltest du jetzt nicht zu streng mit dir sein. Mangelernährung während der Schwangerschaft schädigt das ungeborene Kind für das ganze Leben.
Die Empfehlungen der DGE zur Zunahme in der Schwangerschaft findest du in der Tabelle unten. Deinen BMI berechnest du so: Gewicht in kg : Größe in m × m, also kg / m². Über den BMI wird viel diskutiert, aber als grober Anhaltspunkt ist er nach wie vor gültig. Am Ende wird dir auch deine Gynäkologin sagen, wo du mit deinem Gewicht stehst und was das für deine Zunahme bedeutet. Nimm die Empfehlungen ernst, aber lass dich davon nicht verrückt machen. Jeder Mensch reagiert anders – und ein gesundes Gewicht entsteht oder verschwindet nicht über Nacht!

Gewicht zu Beginn der Schwangerschaft	Gute Gewichtszunahme bis zur Entbindung
Untergewicht (unter BMI 19)	12,5–18 kg
Normalgewicht (BMI 19–26)	11,5–16 kg
Leichtes bis mittleres Übergewicht (BMI 26-29)	7–11,5 kg
Starkes Übergewicht (über BMI 29)	7 kg

DIE BESTE WAHL

Die Basis unserer Ernährung sollte pflanzlich sein – das gilt auch schon vor der Schwangerschaft und heißt nicht, dass du vegetarisch leben musst. Getreide, Kartoffeln, Gemüse und Obst, Nüsse und Saaten sind allesamt pflanzlichen Ursprungs und machen uns nicht nur satt – sie liefern auch wichtige Vitamine, Mineral-, Bioaktiv- und Ballaststoffe.
Lebensmittel tierischen Ursprungs – also Milch und Milchprodukte, Ei, Fisch und Fleisch sorgen für hochwertiges Eiweiß und ebenfalls für Vitamine und Mineralstoffe. Eiweiß ist jetzt besonders wichtig. Und da punktet ein Mix aus tierischen Eiweißlieferanten mit pflanzlichen Eiweißträgern wie Nüssen, Saaten, Vollkorn und Hülsenfrüchten am höchsten. Kartoffeln mit Ei sind für unseren Körper besonders gut verwertbar. Müsli mit Joghurt, Vollkornbrot mit Wurst oder Käse und Eierkuchen sind tolle Kombinationen. Fett musst du jetzt nicht sparen – am besten pflanzlich oder vom Fisch. Mehr dazu liest du unten.

WIE VIEL WOVON?

Orientiere dich am Ernährungskreis oder der Pyramide der Deutschen Gesellschaft für Ernährung. Er rechnet in Portionen.
Als Faustregel gilt dein Handmaß:

- Die Basis ist Flüssigkeit. Und zwar am besten kalorienfrei: Wasser und Tees. Insgesamt solltest du gut verteilt über den Tag ca. **1,5 Liter** trinken.
- Mindestens **3 Portionen Gemüse** und höchstens **2 Portionen Obst** solltest du täglich essen. 1 Portion entspricht etwa 1 Handvoll. Bei Blattsalaten oder Beeren, Kirschtomaten und kleinteiligen Sorten sind es 2 Handvoll.
- Die Basis deiner Ernährung sollte aus Kohlenhydraten bestehen – am besten in Form von **Vollkorn**. Beim Brot entspricht 1 Scheibe deiner Handfläche. 1 Portion Kartoffeln oder gekochte Nudeln, Reis oder Müsli passt in 2 Hände. Etwa 4 Portionen davon brauchst du pro Tag.
- Eiweißlieferanten sind wichtig: **3 Portionen Milch und Milchprodukte** sollten es täglich sein sowie **1 Portion Fisch, Fleisch oder Eier**.

Mindestens zweimal in der Woche sollte Fisch auf dem Speiseplan stehen. Und ebenso 2 Portionen mageres Fleisch und 3 Eier. 1 Portion Fisch oder Fleisch hat die Größe deines Handtellers.

DIE BESTEN KOHLENHYDRATE

Versuche dich auf **Vollkornbrot** zu konzentrieren: Damit sammelst du täglich ein Plus an Ballaststoffen, Eiweiß, B-Vitaminen, Eisen und Zink – und das ganz ohne Stress. Wenn du es weich magst, nimm Vollkorntoast. Alles besser als helles Brot! Zum Backen ist es egal, ob du Weizen oder Dinkel nimmst: Hauptsache es ist **Vollkorn**. Notfalls kannst du auf Mehl mit der **Type 1050** ausweichen – auch das ist besser als Weißmehl.
Auch bei Nudeln solltest du **Vollkorn** bevorzugen – die schmecken inzwischen richtig gut! Du kannst auch **Pasta aus Hülsenfrüchten wie Linsen, Sojabohnen oder Kichererbsen** ausprobieren.
Bei Reis funktioniert Vollkorn gut – allerdings braucht er lange zum Garen. **Parboiled Vollkornreis** ist eine gute Alternative. Auch bei Bulgur und Couscous – die ja beide aus Weizen bestehen – solltest du die Vollkornvariante bevorzugen. **Grieß** gibt es meist nur als Vollkorn, wenn er aus **Dinkel** gemahlen ist. Die Pseudogetreide wie **Buchweizen, Amarant und Quinoa** enthalten besonders viel Eiweiß und Mineralstoffe und sind für dich jetzt top! **Hafer und Hirse** können aber auch mithalten – Abwechslung ist am besten.
Übrigens: Auch Gemüse und Obst liefern gute Kohlenhydrate. Bei Gemüse kannst du nichts falsch machen – es ist immer gesund. Bei Obst sind süße oder gegarte Sorten nicht ganz so toll. Das liegt an ihrer Blutzuckerwirkung.

EIN NIEDRIGER GLYKÄMISCHER INDEX

Nicht nur all die gesunden Inhaltsstoffe machen Gemüse und Vollkorn so wertvoll. Es ist auch ihr niedriger glykämischer Index. Dieser bezeichnet, wie rasch unser Blutzuckerspiegel nach dem Genuss unterschiedlicher Lebensmittel ansteigt. Während er bei Zucker, Süßem und Säften blitzschnell nach oben klettert, weil die einfachen Zucker sofort ins Blut gehen, dauert es viel länger, wenn wir Vollkorn und Gemüse essen. Das ist gut fürs Kind: Zu viel Zucker im Blut lässt dein Baby zu schnell wachsen und beansprucht seine kleine Bauchspeicheldrüse. Denn die muss dann – genau wie deine eigene – jede Menge Insulin produzieren, um den Zucker aus dem Blut in die Zellen zu bugsieren. Für dich und dein Baby ist es toll, wenn der Blutzuckerspiegel ausgeglichen ist. Und das passiert, wenn dein Verdauungssystem arbeiten muss

und Zeit braucht, um die Energie aus der Nahrung verfügbar zu machen. Deshalb spricht man auch von langsamen Kohlenhydraten oder von **Slow Carb.**

WIE IST ES MIT LOW CARB?

Eine Studie der University von Southampton beobachtete 300 Kinder von der Schwangerschaft ihrer Mütter bis zum Schulalter. Das Ergebnis: Ernährten sich die Mütter Low Carb, waren die Kinder später eher übergewichtig. Grund war eine epigenetische Veränderung im Fettstoffwechsel. Andererseits: Wenn werdende Mütter viel Süßes, weißes Brot und Fast Food essen, steigt das Risiko für Übergewicht ebenfalls. Low Carb hat uns viele tolle Lebensmittel und Rezepte beschert. Dazu gehören auch Hülsenfruchtpasta, alternative Süßungsmittel und tolle Gemüseideen. Das nehme ich in meinen Rezepten gerne auf, um sie Slow Carb und vollwertig zu machen.

WELCHE SÜSSE IST GUT?

Meine Rezepte kommen fast ganz ohne Zucker aus. Denn wenn man nur wenige Kalorien mehr braucht, aber viel mehr von essenziellen Nährstoffen, dann wird das mit Zucker schwierig: Er enthält nur Kalorien – und sonst nichts. Deshalb findest du in meinen süßen Rezepten Trockenfrüchte, die viele Ballast- und Mineralstoffe enthalten. Oder Honig, der sehr intensiv süßt und voller wohltuender Substanzen steckt. Oder gemahlene Vanille und Zimt, die ganz kalorienfrei für ein süßes Aroma sorgen. Manchmal benutze ich auch Erythrit, der ähnlich süßt wie Zucker, aber keine Kalorien hat, kein Karies erzeugt und nicht zu Blähungen führt – und leider ziemlich teuer ist. Wenn du aber deine Waffeln mit Puderzucker bestäuben willst, deine Tasse Kaffee mit Zucker liebst oder ein paar Gummibärchen oder ein Stück Schokolade essen möchtest: Gönne es dir. Zucker ist kein Gift – er schadet nur im Übermaß.

WIE IST ES NUN MIT FRÜCHTEN?

Rohes Obst enthält neben all den essenziellen Nährstoffen auch viele Ballaststoffe – deshalb geht der Zucker der Frucht nicht so schnell ins Blut wie der Saft derselben Frucht. Also iss die Orange lieber am Stück, statt sie zu Saft zu pressen. Bevorzuge Obst wenn möglich ungeschält. Und iss nicht mehr als 2 Portionen am Tag. Saft sollte eher die Ausnahme sein und dann 1 Obstportion ersetzen. Smoothies sind als Zwischenmahlzeit frisch püriert okay – sättigen aber weniger als die ganze Frucht. Denn schon das Kauen ist an unserem Sättigungsprozess beteiligt.

DIE BESTEN FETTE

Vergiss Low Fat! In der Schwangerschaft sind **gesunde Fette** für dich und dein Kind besonders wichtig. Deshalb darf Fett jetzt auch ganz offiziell auf Empfehlung der DGE einen höheren Anteil an deiner Ernährung haben. Also verzichte auf Low-Fat-Lebensmittel. Aber achte auf die Qualität der verwendeten Produkte! Da gibt es nämlich enorme Unterschiede – auch in der Wirkung. Mehrfach ungesättigte Fettsäuren sind lebensnotwendig und wirken sich positiv auf den Blutfettspiegel aus. Sie sind wichtige Bausteine für die Gehirnentwicklung deines Kindes. Das äußerte sich in Studien durch ein besseres Sprechvermögen, eine schnellere Auffassungsgabe und eine bessere motorische Entwicklung.

WELCHES FETT IN DER KÜCHE?

Ungesättigte Fettsäuren sind flüssig, weil die Moleküle nur locker miteinander verbunden sind. Speck und Butter oder Kokosfett sind dagegen fest, weil sie überwiegend aus gesättigten Fettsäuren bestehen. Sie haben eine ungünstige Wirkung auf den Blutfettspiegel.
Die mehrfach ungesättigten Fettsäuren, vor allem die **Omega-3-Fettsäuren**, haben dagegen gesundheitlich eine rundum positive Wirkung. Die **Omega-6-Fettsäuren** sind umstritten, weil sie Entzündungen eher fördern und die Verstoffwechslung der Omega-3-Fettsäuren verhindern. Ihr schlechtes Image wird aber gerade rehabilitiert. In der Küche also so oft wie möglich Öle mit hohem Omega-3-Fettsäure-Anteil benutzen. Den höchsten Gehalt daran haben **Leinöl und Leindotteröl**, die leider schnell ranzig werden und deshalb am besten im Kühlschrank aufgehoben sind. Dann **folgen Rapsöl, Walnuss- und Sojaöl. Olivenöl** ist ebenfalls günstig, Sonnenblumenöl weniger. Vor allem Distelöl wird heute nicht mehr empfohlen: Es enthält überwiegend Omega-6-Fettsäuren. Ob kalt gepresst oder raffiniert, das ist eher eine Geschmackssache und hängt von der Verwendung ab: zum Braten raffinierte Öle nehmen, für die kalte Küche kalt gepresste. Ob **Margarine oder Butter** – wer streicht und nicht stapelt, kann das nach Gusto entscheiden. Immerhin kann Omega-3-Margarine nachweislich den Blutfettspiegel verbessern! Butter scheint aber das Risiko für Allergien zu senken.

AN DER RICHTIGEN STELLE SPAREN

In Fleisch, Geflügel, aber auch in Aufschnitt, Wurst und Käse sind oft üppige Mengen gesättigter Fette enthalten. Deshalb ist es sinnvoll, magere Sorten zu bevorzugen – und lieber einen Löffel mehr Öl in den Salat zu geben. Oder noch besser: Den Salat mit Nüssen und Kernen toppen. Denn die sind nicht nur reich an guten Fetten, sondern enthalten auch noch Eiweiß und Ballaststoffe.
Die Königsklasse unter den Fetten ist die **Eicosapentaensäure**, die in Fischen enthalten ist. Sie verbessert die Fließeigenschaften des Bluts. Die besten Lieferanten sind Lachs, Makrele und Hering, allerdings bitte nicht roh, sondern nur gegart genießen.

DAS BESTE EIWEISS

Nicht nur Fleisch liefert Eiweiß: Auch Getreide, Kartoffeln, Hülsenfrüchte, Nüsse und Samen, Milchprodukte und natürlich Ei sind eiweißreich. Aber ist pflanzliches Eiweiß ebenso wertvoll wie tierisches? Der Wert eines bestimmten Proteins für unsere Ernährung wird mit der »biologischen Wertigkeit« gemessen. Was heißt das? Eiweiß besteht aus Aminosäuren, acht davon sind für uns lebensnotwendig. Wir benötigen unterschiedliche Mengen von diesen **essenziellen Aminosäuren**. Je besser ein Eiweiß diese Zusammensetzung trifft, desto höher ist seine biologische Wertigkeit.

Tatsächlich hat nicht das berühmte kleine Steak die höchste biologische Wertigkeit, sondern die Kombination von Kartoffeln mit Ei. Oder Milch mit Haferflocken, Käse mit Vollkornbrot, Kidneybohnen mit Hackfleisch oder Fisch mit Mandelkruste. Am besten ist ein Mix aus tierischem und pflanzlichem Eiweiß. Und das ist gut so. Denn tierisches Eiweiß ist oft kombiniert mit gesättigten Fettsäuren. Pflanzliches Eiweiß dagegen enthält kaum Fett. Und wenn, dann gesundes. Du brauchst also keine großen Mengen Fleisch zu essen, aber du solltest auch nicht völlig darauf verzichten: Je bunter, desto besser.

MACHT VOLLWERTKOST SUPPLEMENTE ÜBERFLÜSSIG?

Nicht ganz. Selbst wenn du dich nach meinem Buch ernährst, frisch kochst und vielseitig isst, wird es evtl. bei einigen Nährstoffen Engpässe geben. Deshalb wird dir der Arzt gegebenenfalls ein Supplement verschreiben. Manchmal sollte er dazu vorher deinen Versorgungszustand bestimmen.

Das sind die benötigten Nährstoffe:

- **Folsäure:** mind. 400 µg pro Tag schon vor der Empfängnis bis zum Ende des ersten Trimenons. Wenn später mit der Einnahme begonnen wird, sollte die Dosierung etwas höher sein.
- **Jod:** 100–150 µg pro Tag. Bei Schilddrüsenerkrankungen vorher den Arzt konsultieren.
- **DHA Omega-3-Fettsäure:** 200 mg pro Tag, wenn nicht regelmäßig fetter Seefisch gegessen wird.
- **Eisen:** Es sollte nur supplementiert werden, wenn die Blutwerte eine Eisenmangel-Anämie oder einen Eisenspeichermangel nahelegen. Und zwar in einer Dosis von 80–100 mg pro Tag. Dazu zusätzlich zum HB-Wert schon zu Beginn der Schwangerschaft den Ferritinwert vom Arzt ermitteln lassen, der die Eisenspeicher misst. Eine Eisen-Überversorgung erhöht das Risiko für Bluthochdruck und SGA-Kinder (Small for Gestational Age = zu klein für ihr Alter).
- **Vitamin D:** 20 µg pro Tag, vor allem in der dunklen Jahreszeit. Denn dieses Vitamin wird durch die Sonneneinstrahlung in der Haut gebildet. Gerade Frauen mit dunklem Teint brauchen deshalb mehr Sonne als hellhäutige Typen. Und: Ein hoher Lichtschutzfaktor verhindert die Vitaminbildung.
- **Vitamin B_{12}** ist bei Veganerinnen und Vegetarierinnen knapp. Unbedingt den B_{12}-Status vom Arzt überprüfen lassen und nach Bedarf supplementieren, eventuell mit einer Depotspritze. Die Versorgung bestimmt auch nach der Entbindung den Vitamin-B_{12}-Gehalt der Muttermilch und kann beim Baby zu einem Mangel führen.

DAS IST JETZT TABU

ALKOHOL UND NIKOTIN

Die Plazenta ist leider kein Filter, der alles was schädlich ist, von deinem Kind fernhält. Die meisten Schadstoffe können die Plazentaschranke passieren und gehen ungehindert in den Körper deines Kindes über. Besonders negativ wirkt sich dieser Sachverhalt beim Konsum von **Alkohol** aus: Wissenschaftlich lässt sich keine Grenze ziehen, unterhalb derer der Genuss von alkoholischen Getränken unbedenklich ist. In den ersten Schwangerschaftsmonaten ist das Risiko einer Schädigung besonders hoch, aber auch später und während der Stillzeit wird der kindliche Organismus von dem Nervengift negativ beeinflusst. Verzichte daher deinem Kind zuliebe während Schwangerschaft und Stillzeit ganz auf Alkohol. Du findest in diesem Buch eine Menge Getränke, die dich darüber hinwegtrösten können.
Rauchen und **Nikotin** erhöhen das Risiko für Früh- und Fehlgeburten. Wenn Schwangere rauchen, haben ihre Babys oft ein besonders niedriges Geburtsgewicht, aber das Risiko für späteres Übergewicht steigt und ebenso die Neigung zu Allergien. Auch E-Zigaretten und Passivrauchen schaden dem Baby. Sorge also zu Hause und in der Arbeit für eine möglichst rauchfreie Umgebung.
Koffein macht deinem Kind ebenfalls zu schaffen: Mehr als 200 mg, das sind 2–3 Tassen Kaffee, verdoppeln im ersten Trimester das Risiko für eine Fehlgeburt. Koffein dringt durch die Plazentaschranke und erreicht beim Fötus fast den gleichen Spiegel wie bei der Mutter. Föten fehlt jedoch noch ein Enzym in der Leber, mit dem Koffein abgebaut werden kann. Deshalb ist die Wirkung stärker. Dein Baby braucht zwanzigmal so lange wie ein Erwachsener, um Koffein abzubauen. In der Spätschwangerschaft wird Koffein auch von der Mutter langsamer verarbeitet. Schwarzer und Grüner Tee, Cola und Matetee enthalten etwa halb so viel Koffein. Auf Energydrinks lieber ganz verzichten – der Koffeingehalt ist auf der Packung angegeben.

GEFÄHRLICHE KEIME

Die Angst vor Krankheit ist manchmal sehr belastend. Dabei ist das Risiko, während der Schwangerschaft wirklich an einer Lebensmittelinfektion zu erkranken und das Kind zu schädigen, sehr gering! Natürlich solltest du alles tun, um Risiken zu vermeiden. Aber schränke deinen Speisezettel nicht unnötig ein. Riskant sind vor allem rohe Lebensmittel tierischer Herkunft, für die es Alternativen gibt. In diesem Buch findest du einige davon. Alles was frisch gegart oder gebacken ist, enthält keine dieser in der Schwangerschaft gefährlichen Keime.
Toxoplasmose wird durch Katzenkot auch auf Nutztiere und bodennahes Obst und Gemüse übertragen. Die Erreger werden durch Erhitzen, Tiefgefrieren und Reifen von gepökelten Fleischwaren abgetötet. Du kannst bei der Vorsorgeuntersuchung testen lassen, ob sich in deinem Blut Antikörper gegen Toxoplasmose befinden – dann bist du nämlich immun.
Listerien sind Bakterien, die Kälte aushalten und überall zu finden sind, doch selten in größeren Mengen. Auch sie werden durch Hitze oder lange Reifezeiten bei Käse und Aufschnitt zerstört.
Salmonellen kommen in rohem Ei und Geflügel vor, werden durch Hitze über 70° abgetötet und durch Kälte in ihrer Vermehrung gebremst. Wenn eine Schwangere an Salmonellenvergiftung erkrankt, kann sich die Infektion zwar nicht aufs Kind übertragen, doch können damit verbundene schwere Durchfälle in seltenen Fällen vorzeitige Wehen auslösen.
EHEC (Enterohämorrhagische Escherichia coli) wird ebenfalls durch Bakterien in rohen tierischen Lebensmitteln übertragen. Die schwere Erkrankung ist für Schwangere, besonders aber für das ungeborene Kind, gefährlich und kann im schlimmsten Fall zu Nierenversagen führen.

UND WIE DU SIE VERMEIDEST

Die richtige Wahl der Lebensmittel und Hygiene in der Küche können dich vor diesen Keimen schützen. Du musst nur wissen wie.

- **Rohmilch und Rohmilchprodukte:** Nicht wärmebehandelte Milch und daraus hergestellte Produkte (an der Auszeichnung zu erkennen) können Listerien enthalten. Das gilt vor allem für Frisch- oder Weichkäse aus Rohmilch wie manche Sorten Edelpilzkäse, Brie und Camembert. Rohmilchkäse muss als solcher auf der Packung deklariert werden und ist eher selten, teuer und ein Gourmetprodukt. Stattdessen solltest du pasteurisierte Frischmilch oder H-Milch und daraus hergestellte Produkte zu dir nehmen. Wenn nicht anders angegeben, ist Käse aus pasteurisierter Milch gemacht – bei offener Thekenware nachfragen. Alter Hartkäse aus Rohmilch wie Parmesan oder Gruyère ist durch seine lange Reifezeit unbelastet. Wer ganz sicher gehen will, schneidet von jedem Käse die Rinde ab. Große Hitze wie beim Kochen oder Überbacken zerstört die Listerien sicher. Aber dafür ist Rohmilchkäse eigentlich zu schade.
- **Rohes Fleisch oder Rohwurst:** Carpaccio, Hackepeter, Tatar oder roh gebratenes Fleisch wie Roastbeef und Steak kann Toxoplasmoseerreger enthalten. Fleisch deshalb nur durchgegart verzehren. Streichfähige Rohwurst wie Tee- oder Mettwurst, rohes und geräuchertes Pökelfleisch wie Bündener Fleisch, roher Schinken, Speck oder rohes Kassler und Rohwurst wie Cabanossi, Salami und Katenwurst ist ebenfalls riskant. Schnittfeste Rohwurst wie Cabanossi, Salami und Katenwurst ist durch die längere Reifezeit unbedenklich. Brühwürste wie Fleischwurst, Leberkäse, Lyoner, Wiener oder Kochwurst wie Leber- oder Blutwurst, Aspik und Pasteten sowie gekochter Schinken und gekochtes Kassler sind gegart und deshalb sicher. Auch luftgetrockneter Schinken mit langer Reifezeit über sechs Monate ist nicht riskant. Wichtig: Aufschnitt nicht zu lange lagern, lieber kleine Mengen frisch verzehren.
- **Rohe oder geräucherte Fische und Meerestiere:** Sushi, rohe Austern, Kaviar, Graved oder Räucherlachs, sanft gesalzener Matjes und Räucherfisch jeder Art ist tabu. Besser auf gegarte Produkte wie Fisch in Saucen oder Aspik zurückgreifen: Hering in Tomatensauce, Aal in Aspik, Thunfisch oder Sardinen in Öl oder naturel. Alle Produkte in Dosen sind erhitzt und sicher (abgesehen von Kaviar). Auch stark gesäuerte, gesalzene oder gezuckerte Marinaden wie Sardellen oder Rollmops sind in Ordnung. Und natürlich gegarter Fisch und Meerestiere in jeder Form – so wie in meinen Rezepten.
- **Rohes Getreide:** Frischkornbrei, Keimlinge und selbst geflockter Hafer sind riskant. Unbedenklich sind fertige Getreideflocken: Sie wurden erhitzt. Du kannst selbst Geflocktes zur Sicherheit in der Pfanne rösten und den Frischkornbrei als Porridge aufkochen. Beim Backen werden alle Keime zerstört.
- **Rohes Ei:** Rohes Ei kann Salmonellen, verarbeitetes Listerien enthalten. Vorsicht bei Mayo oder Tiramisu und Mousse au chocolat. Bei gekochten Eiern, die nicht mehr glibberig sind, besteht kein Risiko. Mayonnaise mit Konservierungsstoffen ist ebenfalls sicher.
- **Abgepackte Salate und Obststückchen:** Rohe Fertigsalate, auch Obststückchen, aus der Kühltheke können Keime enthalten. Aber natürlich musst du nicht auf rohes Obst oder Rohkostsalate verzichten: Im Ganzen kaufen, gut waschen, zerkleinern, frisch zubereiten und essen. Auch Gemüse und Obst zum Knabbern gründlich waschen. Frisch gepresste Säfte nur aus sorgfältig gewaschenen Zutaten herstellen. Du wirst hier viele Rezepte finden.
- **Fast Food:** Die Kühltheken in Supermärkten, Bäckerfilialen oder Kiosken bieten zahlreiche Sandwiches und Salate an: Verzichte lieber darauf. Das gilt auch für offen verkauftes Eis. Bevorzu-

ge Industrieeis aus der Tiefkühltruhe. Überhaupt: Wenn dir ein Fast-Food-Stand oder -Restaurant nicht sauber vorkommt, mach einen Bogen darum. Wenn etwas vor deinen Augen erhitzt wird wie beim Chinesen oder am Bratwurststand, gibt es kein Problem.

MIT VORSICHT ZU GENIESSEN

Es gibt einige Lebensmittel, die stärker mit schädlichen Rückständen belastet sind oder die Nährstoffe in kritischer Konzentration enthalten.

Leber: Ihr Vitamin-A-Gehalt kann so hoch sein, dass das Kind davon geschädigt wird. Gefährlich ist das vor allem zwischen der 3. und 12. Woche. Das gilt hauptsächlich für Schweine-, aber auch für Kalbs- und Rinderleber. Leberwurst enthält höchstens 25 Prozent Leber – in kleinen Mengen kein Problem. Hühnerleber enthält viel weniger Vitamin A. Deshalb gibt es eine garantiert unbedenkliche Hühnerleberpastete mit viel Eisen, Zink und Vitamin B_{12} auf Seite 47.

Algen: Sie sind tolle Jodlieferanten, aber gerade Braunalgen enthalten so viel Jod, dass es gefährlich werden kann. Deshalb rate ich höchstens geröstetes Nori als Streuwürze zu verwenden. Auch Veggie-Sushi mit Nori und ohne rohen Fisch ist okay. In meinen Rezepten findest du viele Gerichte mit Meeresfisch, der ebenfalls viel Jod enthält.

Raubfische: Sie leben von kleinen Fischen und reichern deshalb Schwermetalle wie Quecksilber, aber auch teilweise Dioxine an. Auf Thunfisch, Aal, Hai, Heilbutt, Schwertfisch, Steinbeißer und Seeteufel deshalb lieber verzichten. Lachs, Hering und Makrele sind empfehlenswert – vor allem aus Biohaltung. Das gilt auch für Seelachs, Kabeljau, Pangasius, Tilapia und Forelle sowie für alle Zuchtfische.

ALLERGIESCHUTZ SCHON IM MUTTERLEIB?

Tatsächlich können Moleküle über das Fruchtwasser zum Fötus gelangen. Wissenschaftler nehmen an, dass das Kind so schon im Mutterleib einen Hauch der Nahrungsvorlieben und Essgewohnheiten seiner Mutter mitbekommt. Auch Allergene können auf diese Weise den Weg zum Ungeborenen finden. Andere Substanzen erreichen das Kind über die Plazenta. In verschiedenen Studien wurde deshalb untersucht, ob eine allergenarme Ernährung der Mutter einen Einfluss darauf hat, wie häufig ihre Kinder allergische Krankheiten entwickeln. Es ließ sich jedoch kein Effekt feststellen. Durch eine »Allergie-Diät« kannst du also das Risiko für dein Kind nicht vermindern.
Und wenn du selber und/oder dein Partner Allergiker seid? Oft wird Milch gewohnheitsmäßig für Übelkeit, Magenkrämpfe und Verdauungsbeschwerden verantwortlich gemacht. Die können aber

DIESE PFLANZLICHEN LEBENSMITTEL SIND REICH AN KRITISCHEN NÄHRSTOFFEN

Kritische Nährstoffe	Alternative pflanzliche Nährstofflieferanten
Protein	Hülsenfrüchte, Nüsse, Getreide (Vollkorn), Ölsamen, Kartoffeln; gezielt kombiniert (z. B. Getreide + Hülsenfrüchte, Sojaprodukte und/oder Ölsamen)
Omega-3-Fettsäuren	mit Mikroalgenölen angereicherte Lebensmittel
Vitamin D	einige Speisepilze (z. B. Champignons und Pfifferlinge), mit Vitamin D angereicherte Lebensmittel wie z. B. Margarine
Riboflavin	Ölsamen, Nüsse, Hülsenfrüchte, verschiedene Gemüsearten (z. B. Brokkoli, Grünkohl) und Vollkorngetreide
Kalzium	Gemüse (z. B. Brokkoli, Grünkohl, Rucola), Nüsse, Hülsenfrüchte, Fleischersatz aus Soja (»texturiertes Sojaprotein«), Tofu, Mineralwasser (kalziumreich, d. h. mehr als 150 mg Kalzium pro Liter), mit Kalzium angereicherte Lebensmittel wie z. B. Milchersatzprodukte
Eisen	Hülsenfrüchte, Ölsamen, Nüsse, Vollkorngetreide und verschiedene Gemüsearten (z. B. Spinat, Schwarzwurzeln), Beerenobst
Jod	jodiertes und fluoridiertes Speisesalz sowie damit hergestellte Lebensmittel, mit Meeresalgen versetztes Meersalz mit definiertem Jodgehalt oder gelegentlich Verzehr von Meeresalgen mit moderatem Jodgehalt, wie z. B. Nori
Zink	Vollkorn, Hülsenfrüchte, Ölsamen, Nüsse
Selen	Kohl- (z. B. Brokkoli, Weißkohl), Zwiebelgemüse (z. B. Knoblauch, Zwiebeln), Pilze, Spargel, Hülsenfrüchte, Paranüsse

Quelle: DGE

mit der hormonellen Umstellung zusammenhängen. Selbst ein IgG-Test gibt keine Auskunft über eine vorliegende Allergie – das kann nur eine »Eliminationsdiät« leisten, in der über Wochen bestimmte Lebensmittel ausgetestet werden. Dafür aber ist eine Schwangerschaft nicht der richtige Zeitpunkt. Eine einseitige Ernährung während der Schwangerschaft kann nämlich eine Unterversorgung von Mutter und Kind zur Folge haben.

Dagegen scheint fetter Meeresfisch beziehungsweise die darin enthaltenen langkettigen Omega-3-Fettsäuren das Risiko für Asthma beim Kind zu senken (siehe S. 57). Es gibt Vermutungen, dass auch der Verzehr von Butter einen positiven Effekt hat.

VEGETARISCH ODER VEGAN SCHWANGER?

Wenn du nur auf Fleisch und Geflügel verzichtest, hast du in der Regel keinen Mangel an essenziellen Nährstoffen, solange du dich vollwertig ernährst. »Pudding«-Vegetarier mit einem süßen Zahn können dagegen bei Eisen, Zink, Eiweiß und Omega-3-Fettsäuren Probleme bekommen. In diesem Fall unbedingt auf Vollkorn umsteigen, viele Nüsse und Saaten – vor allem Sesam beziehungsweise Tahin essen. Wer ganz auf Fisch verzichtet, sollte die Omega-3-Fettsäuren DHA supplementieren (siehe S. 16). Sicherheitshalber vom Arzt zusätzlich die Versorgung mit Vitamin B_{12}, Vitamin D, Jod und Eisen überprüfen lassen.

Wenn du vegan lebst, geht es auf keinen Fall ohne Supplemente: Vitamin B_{12}, Jod, Omega-3-Fettsäuren, Eisen und eventuell Zink solltest du in Absprache mit dem Arzt als Präparat einnehmen. Die Aufnahme dieser Mineralstoffe verbessert sich in Gegenwart von Vitamin C und wird behindert durch Phytate und Polyphenole in Schwarzem Tee oder Kaffee: beides also nie vor, während oder nach dem Essen trinken. Das Eiweiß kann knapp werden, wenn du nicht klug Kartoffeln mit Sojaprodukten und Hülsenfrüchten kombinierst. Nussmehle und -muse helfen bei der Proteinzufuhr ebenso wie viele Vollkornprodukte. Achte beim Gemüse darauf eisen- und zinkreiche Sorten zu bevorzugen. Wenn du das alles im Blick hast, wird es dir und deinem Baby gut gehen. In meinem Buch findest du viele Rezepte, die dir helfen, auch ohne Fleisch vollwertig zu essen.

SCHWANGERSCHAFTSDIABETES

Durch den intensiven Stoffwechsel und die Hormonumstellung in der Schwangerschaft kann es zu einem »Gestationsdiabetes« kommen. Etwa fünf bis sechs Prozent aller Schwangeren sind davon betroffen. Deshalb wird in der Vorsorgeuntersuchung besonders auf erste Anzeichen dafür geachtet und präventiv ein Glucosetoleranztest gemacht.
Ein erhöhtes Risiko besteht, wenn in der Familie bereits Diabetes-Erkrankungen vorliegen, die werdende Mutter übergewichtig ist, wenig Sport treibt und/oder viel Süßes isst. Nach neuesten Erkenntnissen kann auch ein Vitamin-D-Mangel das Risiko erhöhen. Im Risikofall sollte schon Ende des dritten Monats ein »oraler Glucosetoleranztest« (oGTT) durchgeführt werden. Ansonsten wird dieser Test erst zwischen der 24. und 28. Schwangerschaftswoche empfohlen, und zwar für alle werdenden Mütter. Denn Schwangerschaftsdiabetes kann dich auch betreffen, wenn du schlank und fit bist. Du würdest ihn wahrscheinlich gar nicht bemerken,

WAS MACHE ICH, WENN …

Die Probleme, die auftreten können, findest du bei den entsprechenden Monaten – mit den passenden Tipps und Rezepten. Hier ist meine Liste:

- Δ Übelkeit S. 42
- Δ Müdigkeit siehe S. 56
- Δ Heißhunger/Pica siehe S. 70
- Δ Sodbrennen, Völlegefühl siehe S. 84
- Δ Schwangerschaftsstreifen siehe S. 98
- Δ Wadenkrämpfe siehe S. 112
- Δ Ödeme, schwere Beine siehe S. 126
- Δ Schlaf siehe S. 140

nur etwas müder, durstiger und erschöpfter sein als gewohnt – und all diese Symptome auf die Schwangerschaft schieben. Schwangerschaftsdiabetes gleicht im übrigen einem Diabetes Typ 2, auch als Altersdiabetes bekannt.
Wer Diabetes Typ 1 hat, muss einen Diabetologen konsultieren und ist im Normalfall schon vor der Schwangerschaft betroffen. Hier gelten andere Regeln.

WAS PASSIERT BEI EINEM GESTATIONSDIABETES?

Der Blutzucker der Mutter ist entweder ständig oder ungewöhnlich lange nach einer Mahlzeit erhöht. Dadurch wächst das Kind zu schnell und gewöhnt sich an einen hohen Blutzuckerspiegel. Wird die Erkrankung nicht behandelt, kann es zu Fehlbildungen des Herzens und einer verzögerten Reifung der Lungenbläschen kommen. Das Risiko für eine zu frühe Geburt und späteres Übergewicht steigt. Auch für die Mutter ist ein unbehandelter Diabetes riskant: Bluthochdruck, Ödeme, Nierenprobleme und sogar Krampfanfälle

(Präeklampsie) kommen häufiger vor. Und die Entbindung wird durch die Größe des Kindes schwieriger.

WAS HILFT BEI GESTATIONSDIABETES?

Die gute Nachricht: In der Regel hilft mehr Bewegung und eine Ernährungsumstellung, um den Blutzuckerspiegel zu normalisieren. Du musst jetzt keine Sportskanone werden: Mindestens eine halbe Stunde Spazierengehen am Tag wäre gut. Schwangerschaftsgymnastik, Schwimmen gehen, Radeln und Yoga sind ebenfalls bestens geeignet, deinen Blutzuckerspiegel zu normalisieren.
Für die Ernährung gelten alle Grundregeln, die du auf Seite 12–16 findest. Versuche vor allem, Kohlenhydrate mit einem niedrigen glykämische Index zu bevorzugen. Verteile sie auf den Tag, am besten auf drei Haupt- und zwei Zwischenmahlzeiten. Und noch etwas: Pflanzliches Eiweiß wirkt sich positiver auf deinen Blutzucker- und Blutfettspiegel aus als tierisches.

Wichtig:

- Der Blutzuckeranstieg ist morgens am stärksten, da am frühen Morgen die Insulinresistenz gesteigert ist, also deine Zellen den Zucker ungern aufnehmen. Deshalb sollten die Kohlenhydratmengen morgens klein sein. Bevorzuge ein Frühstück, das wenig Süße enthält, dafür aber viel Eiweiß und Ballaststoffe.
- Eine späte kohlenhydratreiche Mahlzeit schützt vor nächtlicher Unterzuckerung und/oder Ketose. Diese kann auch aus einem Getränk bestehen.

Meist reichen diese Maßnahmen schon aus, um den Blutzucker zu normalisieren und Medikamente überflüssig zu machen. Deine Ärztin wird die Werte regelmäßig überprüfen. Wenn möglich, besuche eine Diabetesschulung an einer Schwerpunkteinrichtung mit spezieller Schwangerenbetreuung. Erkundige dich bei deiner Krankenkasse danach.

WIEVIEL HYGIENE MUSS SEIN?

Nicht nur für dich, vor allem auch später für dein Neugeborenes ist Sauberkeit der beste Schutz vor Krankheiten. Folgende Dinge helfen dir, das auch umzusetzen.

- **Sauberkeit** ist die beste Vorbeugung gegen alle kleinen Tierchen und Keime, die Lebensmittel verderben und uns schlimmstenfalls krank machen. In der Regel brauchst du dazu nichts als heißes Wasser und Seifenlauge und am besten glatte Oberflächen. Keime lieben Feuchtigkeit, Wärme und Nährboden wie Essensreste und Schmutz, auf denen sie sich ausbreiten können. Natürlich ist ein Neugeborenes noch sehr empfindlich. Aber jeder Haushalt hat seine ganz persönliche Bakterienkultur, mit der alle Mitglieder zurechtkommen. Dein Kind wächst dort hinein. Zieh es nicht keimfrei auf: Das schwächt sein Immunsystem. Achte deshalb in der Küche und im übrigen Haushalt auf ganz normale Sauberkeit ohne Chemie. Das bekommt den Lebensmitteln ebenso gut wie deinem Kind.
- **Pasteurisieren** ist erhitzen unter 100° und tötet die meisten Keime ab. Bis zum achten Monat Babyflaschen und -sauger entweder im Vaporisator desinfizieren oder 10 Min. in Wasser kochen. Oder 20 Min. im Schnellkochtopf auf höchster Stufe mit Wasser sterilisieren. Vorher gründlich mit Spülmittel und Schwamm reinigen!
- **Spülmaschine:** Mit 65° und Spülmittel wäscht sie fast keimfrei. Im Normalfall reicht das 55°-Sparprogramm, für Babyflaschen und Sauger nach dem 8. Monat lieber 65° wählen.
- **Küchenwäsche** bei mind. 60° waschen. Spültücher täglich wechseln oder Wegwerftücher benutzen. Küchentücher und Topflappen zweimal wöchentlich wechseln. Übrigens: Bügeln tötet Keime zuverlässig ab.
- **Kühlschrank:** Einmal im Monat den Kühlschrank putzen und mit Essigreiniger oder mit einer ausgedrückten Zitronenhälfte abreiben und nachwischen. Spezielle Aktivkohle-Luftreiniger bekämpfen Gerüche.
- **Brotkasten:** Einmal pro Woche mit Essigreiniger auswischen und Vorräte kontrollieren. Altbackenes Brot in Scheiben an einem luftigen Platz trocknen, mit der Küchenmaschine zu Bröseln reiben.

BASICS FÜR DEN EINKAUF

Bei den Grundnahrungsmitteln kannst du mit kluger Wahl deine Versorgung optimieren.

Salz: *Gelbliches, mit Folsäure, Fluorid und Jod angereichertes Salz wählen. Das darin enthaltene synthetische Folat bleibt zu 60 Prozent auch beim Kochen erhalten.*

Mineralwasser: *Produkte mit insgesamt mindestens 1 500 mg Mineralstoffen bevorzugen. Und zwar: mind. 250 mg Kalzium für die Knochen, 50 mg Magnesium gegen Muskelkrämpfe und 600 mg Hydrogencarbonat gegen Sodbrennen und Übersäuerung.*

Vegane Milchdrinks: *Auf mind. 120 mg Kalziumgehalt wie in Kuhmilch achten – und ohne süßende oder aromatisierende Zusätze. Eiweißreiche Drinks bevorzugen.*

Milch: *Milch mit 3,5 % Fett, am besten frisch und als Heumilch, hat die beste Fettzusammensetzung. Das Kalzium wird aus Milch am besten aufgenommen.*

Mehl: *Statt Weißmehl grundsätzlich Mehl Type 1050 wählen. Manchmal braucht man einen Tropfen mehr Flüssigkeit.*

Öl: *Zum Kochen raffiniertes Raps-, Soja- oder Olivenöl, für die kalte Küche kalt gepresstes Raps-, Lein-, Hanf-, Leindotter-, Walnuss- oder Olivenöl verwenden.*

- **Küchenschrank:** Trockene Vorräte in dicht schließenden Boxen oder in Schraubgläsern aufbewahren. Dosen grundsätzlich nicht im Kühlschrank lagern – sie sind steril und brauchen keine Kühlung. Kartoffeln, Zwiebeln und Knoblauch dunkel, kühl und trocken aufbewahren. Praktisch: Schwebekörbe oder Vorratswägen, die auf mehreren Etagen Platz bieten.

DER ERSTE MONAT

Auch wenn es anfangs so klein wie ein Sandkorn ist: Dein Kind lebt. Mit fünf Tagen hat es schon sein Geschlecht, seine Augen- und seine Haarfarbe. Mitten im Sandkorn entsteht der Embryoblast. Aus dem bilden sich nach und nach drei Schichten. Aus der inneren Schicht entwickeln sich die Bauchorgane. Aus der zweiten wird Bindegewebe und das Herz-Kreislauf-System. Die äußere bildet das Nervensystem, Haut und Haare sowie die Sinnesorgane. Ab dem 22. Tag beginnt sein Herz zu schlagen. Und Ende des ersten Monats nistet sich der Embryo in die Gebärmutter ein. Auch wenn du noch gar nichts von deiner Schwangerschaft ahnst: Alles gut!

Was ich jetzt brauche

Wahrscheinlich bemerkst du erst etwas später, dass du schwanger bist: an den Brüsten, die spannen, an einer veränderten Wahrnehmung oder plötzlichen Stimmungsschwankungen. Ganz sicher bist du dir wahrscheinlich erst nach dem Test. Aber auch später tun dir die Rezepte und Tipps für den ersten Monat gut: Du hast nichts verpasst! Wenn du deine Schwangerschaft planst, solltest du so früh wie möglich mit der Ernährungsumstellung beginnen. Versuche Lebensmittel mit einer hohen Dichte an Vitaminen und Mineralstoffen zu essen. Meine Rezepte helfen dir dabei.

WAS IST FOLSÄURE?

Folsäure ist ein lebensnotwendiges Vitamin. Folat ist seine natürliche Form, wie sie in Lebensmitteln vorkommt. Der Name leitet sich vom lateinischen Begriff »folium« (das Blatt) ab, da Folsäure zuerst in grünem Blattgemüse nachgewiesen wurde.

JETZT IST FOLSÄURE WICHTIG

WIE WIRKT FOLSÄURE?

Folsäure ist unentbehrlich für die Zellteilungsprozesse des Embryos. Auch für die Blutbildung von Mutter und Kind spielt sie eine wichtige Rolle. Deshalb verdoppelt sich der Bedarf! Folsäure ist essenziell für die Bildung des Neuralrohrs zwischen der dritten und vierten Schwangerschaftswoche. Daher empfehlen Ärzte am besten bereits vier Wochen vor der Empfängnis und weiterhin in den ersten 12 Schwangerschaftswochen täglich 400 µg Folsäure in Form eines Präparats einzunehmen. Bei einer Unterversorgung kann es zu Früh- oder Fehlgeburten sowie schweren Fehlbildungen kommen.

Wichtig: Das Präparat ersetzt die Folsäurezufuhr aus natürlichen Lebensmitteln nicht, es stellt lediglich eine Ergänzung dar.

WO IST SIE DRIN?

Folsäure ist vor allem in pflanzlichen Lebensmitteln enthalten. Ausnahme: Die größte Folsäurequelle ist Leber, auf die du wegen ihres hohen Vitamin-A-Gehalts aber jetzt besser verzichtest (siehe S. 19). Diese Lebensmittel sind gesunde und wertvolle Folsäurequellen:

- Kohlgemüse wie Grünkohl, Rosenkohl, Brokkoli und Wirsing
- Spinat, Fenchel und Lauch
- Hülsenfrüchte
- Blattsalate wie Feldsalat und Endivien
- Brot und Backwaren aus Vollkornmehl, Weizenkeime
- Erdbeeren, Weintrauben und Orangen
- Weichkäse wie Camembert und Brie
- Eigelb
- Mit Folsäure angereichertes Salz

WAS HÄLT SIE AUS?

Folsäure wird von Licht und Hitze zerstört. Deshalb so oft wie möglich Rohkost essen!

- Gemüse und Salate dunkel und kühl lagern und frisch verzehren
- Gemüse und Salate unzerkleinert und nur kurz waschen, nicht wässern!
- Gemüse kurz dünsten, nicht kochen, das Wasser mitverwenden
- Gemüse nicht warm halten, zügig abkühlen lassen, evtl. einfrieren und bei Bedarf aufwärmen

ROTE LIMO

Rote Bete ist reich an Folsäure. Sie liefert außerdem Mineralstoffe wie Kalzium, Magnesium, Phosphor, Kalium und Eisen sowie B-Vitamine und Vitamin C.

ZUBEREITUNGSZEIT: *5 Min.*
PRO PORTION: *ca. 25 kcal, 1 g E, 0 g F, 4 g KH, 0 g BS*

FÜR 1 PORTION
50 ml Rote-Bete-Saft
2–3 EL Zitronensaft
150 ml Mineralwasser

1 **Rote-Bete-Saft** mit Zitronensaft mischen, mit Mineralwasser aufgießen.

TIPP:
Besonders viel Folsäure enthält frisch gepresster Saft. Beim Pasteurisieren von haltbarem Saft wird ein Teil der Folsäure zerstört.

SAURE BEEREN

Die Melisse galt schon im Mittelalter als Heilpflanze mit beruhigender Wirkung. Johannisbeeren enthalten fast viermal so viel Vitamin C wie Zitronen – und Folsäure obendrein.

ZUBEREITUNGSZEIT: *10 Min.*
PRO PORTION: *ca. 10 kcal, 0 g E, 0 g F, 1 g KH, 0 g BS*

FÜR 1 PORTION
1 Handvoll Zitronenmelisse (5–10 g)
1 Scheibe Bio-Zitrone
50 ml Schwarzer Johannisbeersaft

1 **Die Zitronenmelisse** und die Zitronenscheibe mit 200 ml kochendem Wasser übergießen und 8 Min. ziehen lassen.

2 **Den Tee absieben** und mit dem Johannisbeersaft mischen. Heiß oder kalt genießen.

BABY-LATTE

VARIANTE:

Statt Carob 2 TL Getreidekaffee in der Milch auflösen.

Koffein gelangt über die Plazenta in den Blutkreislauf des ungeborenen Kinds. Deshalb nicht mehr als 1–2 Tassen Kaffee am Tag trinken und stattdessen diese milde Variante bevorzugen.

ZUBEREITUNGSZEIT: *3 Min.*
PRO PORTION: *ca. 100 kcal, 5 g E, 5 g F, 10 g KH, 3 g BS*

FÜR 1 PORTION
1 TL Carobpulver
1 TL Kakaopulver
100 ml Milch
Ceylon-Zimtpulver

1 **100 ml Wasser** aufkochen, Carob-und Kakaopulver dazugeben und gut verrühren.

2 **Milch nach Belieben** aufschäumen, mit dem Kakaomix mischen und mit Zimt bestäuben.

SMOOTHIE

Alle Zutaten sind reich an Folsäure. Die Süße der Früchte beruhigt mit den Bitterstoffen aus dem Spinat den Appetit. Birne und Beeren liefern milde Ballaststoffe.

ZUBEREITUNGSZEIT: *5 Min.*
PRO PORTION: *ca. 70 kcal, 2 g E, 1 g F, 13 g KH, 5 g BS*

FÜR 1 PORTION
1 kleine Birne
3 Erdbeeren
50 g Blattspinat
3 Basilikumblätter

1 **Die Birne waschen**, abtrocknen und vierteln. Das Kerngehäuse entfernen. Erdbeeren, Spinat und Basilikum waschen.

2 **Alles zusammen** mit 50 ml Wasser fein pürieren. Dann mit Wasser bis zur gewünschten Konsistenz verdünnen.

32

LEICHTES PREP-DRESSING

ZUBEREITUNGSZEIT: *10 Min.*
PRO PORTION: *ca. 70 kcal, 2 g E, 5 g F, 3 g KH, 1 g BS*

FÜR 4 PORTIONEN
½ Limette
200 ml Buttermilch
100 ml Möhrensaft (milchsauer vergoren)
2 EL Rapsöl
1 Zweig Thymian
Jodsalz, Pfeffer

TIPP:
Der Möhrensaft kann durch andere Gemüsesäfte ersetzt werden.

Dieses Dressing ist leicht, liefert aber Eiweiß und gesunde Fette. Im Kühlschrank aufbewahrt, ist es die ideale Begleitung für Rohkostsalate, die folsäurereich sind.

1 **Die Limette** auspressen und den Saft mit der Buttermilch mischen. Den Möhrensaft und das Öl hinzufügen.

2 **Den Thymian waschen** und trocken schütteln. Die Blättchen abzupfen. Das Dressing mit Salz, Pfeffer und Thymian kräftig würzen. In ein Schraubglas füllen und im Kühlschrank lagern. Vor Gebrauch gut schütteln.

TIPP:

Die zweite Portion mit Vollkornbrot mit ins Büro nehmen.

FENCHEL MIT PINIENKERNEN

ZUBEREITUNGSZEIT: *15 Min.*
PRO PORTION: *ca. 170 kcal, 7 g E, 10 g F, 12 g KH, 5 g BS*

FÜR 2 PORTIONEN
1 große Knolle Fenchel (ca. 400 g)
2 getrocknete Tomaten in Öl
½ TL Fenchelsamen
1 EL Kapern
Jodsalz, Pfeffer
50 g Kirschtomaten
3 EL Pinienkerne

Fenchel ist sehr reich an Folsäure und beruhigt den Magen. Bitte nur kurz braten, um das Vitamin zu schonen, und gleichzeitig vitaminabbauende Enzyme zu zerstören.

1 **Fenchel waschen**. Fenchelgrün abzupfen, beiseitelegen. Den Fenchel längs in schmale Scheiben schneiden. Die getrockneten Tomaten klein würfeln, 1 EL Öl auffangen.

2 **Das Tomatenöl** erhitzen. Fenchel und Samen darin 8 Min. braten. Vom Herd nehmen, getrocknete Tomaten und Kapern samt 1 EL Kapernsud untermischen, salzen und pfeffern. 30 Min. ziehen lassen.

3 **Die Kirschtomaten** waschen und halbieren. Pinienkerne anrösten. Beides mit dem Fenchelgrün unter den Fenchel ziehen.

VARIANTE:

Im Winter statt Spinat Feldsalat nehmen und statt Erdbeeren Orangen: Beide sind wahre Folsäure-Booster.

BEEREN-SPINAT-SALAT MIT KNUSPER

ZUBEREITUNGSZEIT: *15 Min.*
PRO PORTION: *ca. 355 kcal, 10 g E, 20 g F, 32 g KH, 7 g BS*

FÜR 1 PORTION
30 g Buchweizen
3 TL Sesam
100 g Erdbeeren
100 g Baby-Blattspinat
1 EL Rapsöl
2 EL Orangensaft
1 TL Senf
Jodsalz, Pfeffer

Buchweizen ist reich an Mineralstoffen, schmeckt nach Nuss, hat aber viel weniger Fett. Sesam ist sehr eisenreich. Baby-Spinat und Erdbeeren liefern Folsäure.

1 **Buchweizen und Sesam** in einer beschichteten Pfanne ohne Fett anrösten.

2 **Die Erdbeeren waschen** und je nach Größe halbieren. Den Spinat waschen, putzen und abtropfen lassen.

3 **Rapsöl mit Orangensaft,** Senf, Salz und Pfeffer verrühren, mit Beeren und Spinat mischen und mit geröstetem Buchweizen-Sesam toppen.

GRÜNKOHL-ROHKOST

ZUBEREITUNGSZEIT: *20 Min.*
PRO PORTION: *ca. 225 kcal, 8 g E, 13 g F, 19 g KH, 10 g BS*

FÜR 1 PORTION
100 g Grünkohl
1 EL Olivenöl
1 TL Senf
2–3 EL Orangensaft
Jodsalz
2–3 Stangen Staudensellerie (ca. 200 g)
1 kleiner Apfel
Pfeffer

VARIANTE:

Schmeckt auch mit Granatapfel oder Orangen statt Apfel. Statt Staudensellerie kann auch Rote Bete geraspelt werden.

Grünkohl und Staudensellerie sind reich an Folsäure. Schnell geschnippelt und zubereitet ist dieser Salat auch ideal zum Mitnehmen für unterwegs.

1 **Den Grünkohl waschen** und trocken schleudern. Die Blätter von den dicken Rippen schneiden und in mundgerechte Stücke schneiden oder zupfen. Olivenöl, Senf und Orangensaft miteinander verrühren, über den Grünkohl geben und mit Salz in den Grünkohl einmassieren.

2 **Den Staudensellerie** waschen, entfädeln und in dünne Scheiben hobeln. Den Apfel waschen, abtrocknen, raspeln und zusammen mit dem Staudensellerie zum Grünkohl geben. Mit Salz und Pfeffer würzen.

FISCHFILET MIT SPINAT UND KICHERERBSEN

Kichererbsen und Spinat gehören zu den Top-Folsäure-Lieferanten. Tilapia und Pangasius sind eiweißreich, fettarm und schnell gar. Bitte bevorzugt Fische mit ASC-Siegel oder aus Naturland-Aquakultur verwenden!

ZUBEREITUNGSZEIT: *20 Min.*
PRO PORTION: *ca. 500 kcal, 42 g E, 21 g F, 32 g KH, 6 g BS*

FÜR 1 PORTION
1 kleine Zwiebel
1 Knoblauchzehe
200 g Blattspinat
1 EL Olivenöl
130 g Kichererbsen (Dose)
Jodsalz, Pfeffer
frisch geriebene Muskatnuss
1 EL Schmand
150 g Tilapia- oder Pangasiusfilet
2–3 EL Orangensaft

1 **Die Zwiebel** und den Knoblauch schälen und fein hacken. Den Spinat waschen und grob hacken.

2 **Das Olivenöl** in einer Pfanne erhitzen und Zwiebel und Knoblauch darin anbraten. Den Spinat dazugeben und zusammenfallen lassen. Die Kichererbsen mitsamt Sud hinzufügen, salzen und pfeffern. Mit Muskat und Schmand würzen.

3 **Das Fischfilet** mit Salz, Pfeffer und Orangensaft würzen, auf das Gemüse legen und zugedeckt bei kleiner Hitze in 5 Min. gar ziehen lassen, abschmecken. Dazu passt Reis oder Kartoffeln.

VARIANTE:

Statt Erdnüssen passen auch Cashew-, Walnuss-, Kürbis- oder Pinienkerne.

ERBSEN-BASILIKUM-ERDNUSSCREME

ZUBEREITUNGSZEIT: *10 Min.*
PRO PORTION: *ca. 210 kcal, 13 g E, 11 g F, 16 g KH, 8 g BS*

FÜR 2 PORTIONEN
200 g TK-Erbsen
1 Bund Basilikum
40 g geröstete Erdnüsse
Jodsalz, Pfeffer

Erbsen und Erdnüsse sind reich an Folsäure und gute Eiweißlieferanten. Basilikum beruhigt den Magen, baut Stress ab und ist zusätzlich eine gute Quelle für Kalzium, Magnesium und Eisen.

1 **Die Erbsen auftauen** lassen. Basilikum waschen und trocken schütteln. Beides in den Behälter des Blitzhackers füllen.

2 **Die Erdnüsse hacken** und in einer beschichteten Pfanne ohne Fett anrösten, bis sie duften. Zu Erbsen und Basilikum geben, mit Salz und Pfeffer würzen und alles fein pürieren. So viel Wasser dazugeben, bis die richtige Konsistenz erreicht ist: streichfähig für einen Aufstrich, flüssiger für eine Sauce.

WIRSING-KÄSE-SAUCE

ZUBEREITUNGSZEIT: *25 Min.*
PRO PORTION: *ca. 145 kcal, 10 g E, 7 g F, 9 g KH, 5 g BS*

FÜR 4 PORTIONEN
ca. 600 g Wirsing
1 Stange Lauch
1 EL Rapsöl
Jodsalz, Pfeffer
250 ml Milch
100 g Kräuter-Frischkäse
gemahlener Koriander
1 Bund Petersilie

VARIANTE:

Schmeckt auch mit Brokkoli.

Wirsing ist nicht nur reich an Folsäure, sondern auch spitze bei Vitamin C und A, Kalium, Kalzium, Eisen und Mangan. Zu Pasta ein würziges Vergnügen mit cremigem Frischkäse.

1 **Wirsing waschen** und trocken schleudern. Die Blätter von den dicken Rippen befreien und in feine Streifen schneiden. Lauch putzen, gründlich waschen, längs halbieren und in Ringe schneiden.

2 **Das Öl** in einer Pfanne erhitzen und Wirsing und Lauch darin anbraten. 200 ml Wasser angießen, salzen und pfeffern. Zugedeckt ca. 15 Min. schmoren.

3 **Milch und Frischkäse** dazugeben. Nach Belieben pürieren, mit Pfeffer und Koriander würzen. Petersilie waschen, trocken schütteln, hacken und unterziehen.

DER ZWEITE MONAT

Nach einem Babybäuchlein suchst du immer noch vergebens. Kein Wunder: Der Embryo ähnelt in der Größe einem Gummibärchen oder einer Bohne. Allerdings entstehen jetzt die Fruchtblase, Nabelschnur und Plazenta, auch die Organe werden angelegt. Der Embryo schwimmt im Fruchtwasser und probiert vorsichtig erste Bewegungen aus. Ab Ende der 5. Woche fängt das Herz an zu schlagen. Das ist auch der Zeitpunkt, an dem zum ersten Mal deine Periode ausbleibt und du langsam zu ahnen beginnst, dass du schwanger bist. Nach einem Schwangerschaftstest hast du es schwarz auf weiß. Spätestens jetzt solltest du dir die Ärztin suchen, die dich durch deine Schwangerschaft begleitet.

6	7	8	9

Was ich jetzt brauche

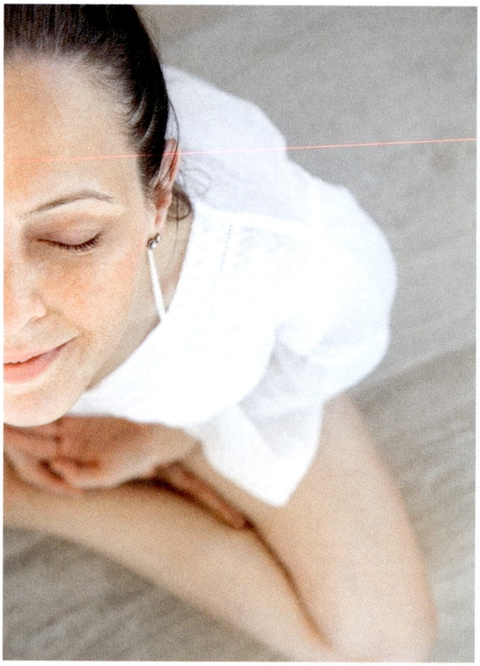

Schon jetzt merkst du erste Veränderungen. Die Hose wird enger, deine Brüste größer und schwerer, weil sich die Milchdrüsen schon jetzt auf die Milchproduktion vorbereiten. Auch deine Haut erscheint dir glatter und reiner. Das hängt mit der steigenden Östrogenproduktion zusammen, die die Talgbildung drosselt. Da nun die Organe von deinem Baby angelegt werden und sich langsam entwickeln, ist vor allem Vitamin B_{12} wichtig. Es spielt eine zentrale Rolle bei der körperlichen Entwicklung. Deshalb solltest du darauf achten, immer ausreichend Vitamin B_{12} aufzunehmen.

WAS TUN GEGEN ÜBELKEIT?

Der Anstieg von Östrogen kann zu Übelkeit führen, die sich meist gegen Ende des 4. Monats legt. Hier findest du einige Rezepte dagegen. Iss oder trink eine Kleinigkeit morgens vor dem Aufstehen. Auch auf häufige kleine Snacks und genug Flüssigkeit kannst du achten.

JETZT IST VITAMIN B_{12} WICHTIG

WIE WIRKT VITAMIN B_{12}?

Vitamin B_{12} wird ausschließlich von Lebewesen gebildet, nicht aber von Pflanzen. Deshalb führt eine vegane Ernährung auf Dauer zu einem gefährlichen Vitamin-B_{12}-Mangel. Die gute Nachricht: Es ist das einzige wasserlösliche Vitamin, das unser Körper über mehrere Jahre, vor allem in der Leber, speichern kann. Deshalb kann eine Depotspritze die Versorgung länger garantieren.

Vitamin B_{12} ist in unserem Körper vor allem für die Bildung roter Blutkörperchen, die Funktion des Nervensystems und die Regeneration der Schleimhäute wichtig. Das Vitamin spielt in der embryonalen Entwicklung vor allem bei der Entwicklung des Nervensystems und des Gehirns eine zentrale Rolle. Ein Mangel an Vitamin B_{12} kann die Entwicklung des Babys verzögern und in schweren Fällen zu neuronalen Fehlbildungen oder zu einer Fehlgeburt führen.

WO IST ES DRIN? WAS HEISST DAS FÜR VEGANER?

Nur Lebensmittel tierischen Ursprungs enthalten Vitamin B_{12} in ausreichenden Mengen:

- Δ Milchprodukte, vor allem Käse
- Δ Ei
- Δ Fleisch und Fisch, Geflügel etwas weniger, Innereien ganz viel, weil sie stoffwechselaktive Organe sind

Tatsächlich gibt es einige wenige pflanzliche Lebensmittel, die Vitamin B_{12} enthalten:

- Δ In fermentiertem Gemüse wie Sauerkraut oder Salzgurken bilden Mikroorganismen das Vitamin. Die Mengen reichen aber nicht aus, um den Bedarf zu decken.
- Δ Shiitakepilze enthalten Vitamin B_{12} in so unterschiedlichen Mengen, dass sie damit nicht zuverlässig versorgen können.
- Δ Nori-Algen enthalten Vitamin B_{12} – aber die Bioverfügbarkeit ist unklar und der Verzehr größerer Mengen wegen des Jodgehaltes nicht zu empfehlen.
- Δ Der Vitamin-B_{12}-Gehalt von Blaualgen wie Spirulina ist zu 80 Prozent für den Menschen nicht verwertbar.

Veganer sollten sich auf keines der genannten pflanzlichen Lebensmittel als ausschließliche Quelle für Vitamin B_{12} verlassen, sondern nach ärztlicher Verordnung Präparate zu sich nehmen. Bei einem Mangel drohen dem Baby lebenslang bleibende Schäden. Das ist auch fürs Stillen wichtig. 1 mg Vitamin B_{12} am Tag reicht aus, um einen Mangel zu beheben. Der Tagesbedarf in der Schwangerschaft liegt etwa bei 4,5 µg.

INGWER-WASSER

Ingwer ist entzündungshemmend und verdauungsfördernd. Er hilft bei Übelkeit und Muskelschmerzen. Minze wirkt antibakteriell und anregend.

ZUBEREITUNGSZEIT: *15 Min.*
PRO PORTION: *ca. 1 kcal, 0 g E, 0 g F, 0 g KH, 0 g BS*

FÜR 4 PORTIONEN
1 Stück Ingwer (3 cm lang)
1 große Handvoll Minzeblätter

1 **Den Ingwer schälen** und in dünne Scheiben schneiden. Mit 1 l Wasser zum Kochen bringen, 2 Min. kochen lassen.

2 **Minze waschen** und mit dem kochenden Ingwerwasser aufgießen. Mind. 10 Min. ziehen lassen. Muss nicht abgesiebt werden und schmeckt heiß und kalt.

TIPP:
Mineralwasser mit einem Gesamtmineralstoffgehalt von über 1 500 mg/l verwenden.

ZITRONEN-WASSER

Sauer macht lustig. Die ätherischen Öle der Zitronenschale machen gute Laune und enthalten den Zellschutz Limonen. Melisse tut dem Magen gut und hilft gegen Übelkeit.

ZUBEREITUNGSZEIT: *35 Min.*
PRO PORTION: *ca. 2 kcal, 0 g E, 0 g F, 0 g KH, 0 g BS*

FÜR 4 PORTIONEN
1 l Mineralwasser ohne Kohlensäure
1 Bio-Zitrone
2–3 Stängel Melisse

1 **Das Mineralwasser** kalt stellen. Die Zitrone heiß abwaschen, trocken reiben und die Schale dünn abschälen. Die Melisse waschen und mit der Zitronenschale in das Wasser geben.

2 **Alles zusammen** mind. 30 Min. im Kühlschrank durchziehen lassen.

ROTER PUNSCH

Cranberrysaft und Brennnesselblätter beugen Harnwegsinfekten vor, Nelke und Sternanis regen die Verdauung an.

ZUBEREITUNGSZEIT: *10 Min.*
PRO PORTION: *ca. 145 kcal, 5 g E, 1 g F, 28 g KH, 5 g BS*

FÜR 1 PORTION
1 Nelke
1 Sternanis
1–2 EL Brennnesseltee
1–2 EL Roibuschtee
2 EL getrocknete Cranberrys
50 ml Cranberrysaft

1 **750 ml Wasser** zum Kochen bringen. Nelke, Sternanis, Brennnessel- und Roibuschtee damit übergießen und 5–10 Min. ziehen lassen. Tee absieben und die Cranberrys und den Cranberrysaft kalt oder warm dazugeben. Warm halten.

WEISSE MIT SCHUSS

Alkoholfreies Bier gehört zu den kalorienärmsten Erfrischungsgetränken. Es enthält viel Folsäure und nicht mehr Restalkohol als Fruchtsaft. Ein Schuss Apfelessig hilft gegen Sodbrennen.

ZUBEREITUNGSZEIT: *5 Min.*
PRO PORTION: *ca. 45 kcal, 1 g E, 0 g F, 9 g KH, 0 g BS*

FÜR 1 PORTION
150 ml Mineralwasser
1 TL Apfelessig
2 EL TK-Himbeeren
150 ml alkoholfreies Bier

1 Mineralwasser mit Apfelessig und den gefrorenen Beeren in einem Glas mischen. Mit dem Bier angießen und genießen.

TIPP:

Der Dip bleibt im Kühlschrank 2–3 Tage frisch.

EIER-DIP

ZUBEREITUNGSZEIT: *15 Min.*
PRO PORTION: *ca. 220 kcal, 10 g E, 19 g F, 4 g KH, 0 g BS*

FÜR 2 PORTIONEN

2 Eier
½ Bund frische Kräuter (z. B. Schnittlauch, Kresse, Petersilie)
100 g saure Sahne
1–2 EL Senf
Jodsalz, Pfeffer

Eier enthalten die Nervennahrung Lecithin sowie Vitamin B_{12}, Kalzium, Eisen und Zink. Und sie sind eiweißreich. Das hält lange satt! Senf beugt Sodbrennen vor.

1 **Die Eier** in kochendem Wasser ca. 8 Min. hart kochen, kalt abschrecken und anschließend pellen. 1 Ei halbieren und eine Hälfte in kleine Würfel schneiden.

2 **Die Kräuter waschen** und trocken schütteln. Die übrigen Eier und die Kräuter mit dem Stabmixer grob pürieren.

3 **Die Eierwürfel**, die Eier-Kräuter-Creme und die saure Sahne verrühren. Mit Senf, Salz und Pfeffer würzen. Schmeckt zu Pellkartoffeln oder als Brotaufstrich.

INFO:

Leber, speziell von Rind und Schwein, kann sehr viel Vitamin A enthalten: Das ist gefährlich fürs Baby. Hühnerleber in dieser Portionierung ist absolut unbedenklich.

HÜHNERLEBER-LINSEN-PASTE

ZUBEREITUNGSZEIT: *20 Min.*
PRO PORTION: *ca. 120 kcal, 7 g E, 7 g F, 6 g KH, 1 g BS*

FÜR 6 PORTIONEN
100 g Hühnerleber
2 EL Rapsöl
Jodsalz, Pfeffer
1 kleine Schalotte
40 g rote Linsen
1 Lorbeerblatt
2 Stängel Basilikum
½ TL getrockneter Thymian
2 EL Tahin (Sesampaste)
1 EL Aceto balsamico

Hühnerleber ist sehr reich an Folsäure, Eisen und Vitamin B_{12} und hat einen niedrigen Vitamin-A-Gehalt. Eine Portion am Tag ist okay – vor allem in dieser Kombination.

1 **Die Leber** mit Küchenpapier abtupfen. In 1 EL Rapsöl rundherum 8 Min. braten, salzen und pfeffern und abkühlen lassen.

2 **Schalotte schälen** und fein hacken. Mit den roten Linsen und dem Lorbeerblatt in 100 ml Wasser in ca. 12 Min. weich kochen. Basilikum waschen und trocken schütteln.

3 **Leber mit Bratensatz**, Linsen mit Sud, aber ohne Lorbeer, Basilikum, Thymian, Tahin, Balsamico und übrigem Öl im Blitzhacker fein pürieren. Mit Salz und Pfeffer würzen. Im Kühlschrank aufbewahren.

PASTA MIT LAUCH, ORANGEN UND KRABBEN

ZUBEREITUNGSZEIT: *20 Min.*
PRO PORTION: *ca. 490 kcal, 25 g E, 15 g F, 62 g KH, 3 g BS*

FÜR 2 PORTIONEN
150 g Farfalle
Jodsalz
1 Stange Lauch (ca. 230 g)
1 Bio-Orange
2 EL Rapsöl
Pfeffer
frisch geriebene Muskatnuss
100 g Krabben (aus dem Kühlregal)
1–2 EL Parmesan

Krabben liefern gut verwertbares Eiweiß, Eisen, Zink, Kalzium und Magnesium. Lauch und Orangen sind Vitamin-C- und folsäurereich. Super für Knochen und Blutbildung!

1 **Farfalle** in Salzwasser nach Packungsanweisung bissfest kochen, beiseitestellen. Den Lauch putzen und gründlich waschen. In 5 cm lange Stücke und diese längs in Streifen schneiden. Orange waschen, Schale abreiben. Die Frucht bis aufs Fruchtfleisch schälen. Orange in Viertel und diese quer in Scheiben schneiden. Saft auffangen.

2 **Das Öl** erhitzen, Lauch darin unter rühren ca. 4 Min. braten. Mit Orangenschale, Salz, Pfeffer und Muskat würzen. Die Krabben abtropfen lassen. Krabben, Orange, Saft, Parmesan und Nudeln untermischen.

PASTA MIT PUTE, CHINA-KOHL UND PAPRIKA

ZUBEREITUNGSZEIT: *20 Min.*
PRO PORTION: *ca. 515 kcal, 30 g E, 15 g F, 60 g KH, 5 g BS*

FÜR 2 PORTIONEN
300 g Chinakohl
1 rote Paprika (ca. 150 g)
1 Stück Ingwer (2 cm lang)
1 Zwiebel
150 g Putenschnitzel
edelsüßes Paprikapulver
Salz
1 ½ EL Rapsöl
150 g Bandnudeln
2 EL Schmand

VARIANTE:
Schmeckt auch mit Räuchertofu!

Folsäure- und Vitamin-C-Lieferant ist Chinakohl. Pute liefert Eisen und Eiweiß: perfekt für Blutbildung und Muskeln!

1 **Chinakohl** waschen und in Streifen schneiden. Paprika waschen, halbieren, weiße Trennwände und Kerne entfernen. In Streifen schneiden. Ingwer und Zwiebel schälen und hacken. Fleisch in Streifen schneiden, mit Paprikapulver und Salz würzen.

2 **Das Öl** erhitzen, die Putenstreifen darin scharf anbraten, beiseitestellen. Zwiebeln mit Ingwer im Fond glasig anbraten. Chinakohl und Paprika dazugeben, salzen und unter Rühren ca. 6 Min. garen. Bandnudeln in Salzwasser nach Packungsanweisung bissfest kochen, abgießen. Mit Putenfleisch und Schmand zum Gemüse geben.

PUTENBRUST MIT BOUILLONGEMÜSE

Dieses leichte Essen kannst du kalt oder warm genießen oder zur Arbeit mitnehmen. Es bleibt im Kühlschrank 3–4 Tage frisch. Es ist eiweiß- und ballaststoffreich und liefert durch die Kräuter Folsäure. Wenig, aber gutes Fett und die Zitrone machen es leicht verdaulich.

ZUBEREITUNGSZEIT: *45 Min.*
PRO PORTION: *ca. 380 kcal, 39 g E, 9 g F, 34 g KH, 11 g BS*

FÜR 4 PORTIONEN
800 g Kartoffeln
Jodsalz
1 Bio-Zitrone
500 g Putenbrust
500 g Möhren
1 kleiner Blumenkohl (ersatzweise 700 g Brokkoli)
weißer Pfeffer
3–4 EL gehackte Petersilie
1–2 EL Rapsöl
150 g Sahnejoghurt (10 % Fett)
3–4 EL Schnittlauchröllchen

TIPP:
Statt Möhren passen Süßkartoffeln, Kürbis oder Rote Bete.

1 **Die Kartoffeln** in Salzwasser in 20 Min. weich garen. Kurz ausdampfen lassen und pellen. Zitrone waschen, abtrocknen, die Schale abreiben und den Saft auspressen. Die Pute mit der Hälfte der Zitronenschale, Salz und 1 EL Zitronensaft einreiben.

2 **Das Gemüse putzen** und waschen. Möhren in grobe Stücke schneiden, Blumenkohlröschen vom Strunk trennen.

3 **500 ml Wasser** erhitzen, salzen. Fleisch und Möhren zugeben, aufkochen und zugedeckt in ca. 30 Min. gar ziehen lassen. Nach 15 Min. Blumenkohl samt Strunk hinzufügen. Bei Bedarf 100 ml Wasser angießen.

4 **Fleisch und Gemüse** herausheben. Die Brühe mit Zitronensaft, Salz, Pfeffer, gehackter Petersilie und Öl verrühren. Möhren, Blumenkohl und Kartoffeln in mundgerechte Stücke teilen und unterheben.

5 **Joghurt mit** übriger Zitronenschale und -saft, Schnittlauch, Salz und Pfeffer abschmecken. Putenbrust dünn aufschneiden.

BROKKOLI-FRITTATA

Brokkoli ist reich an Vitamin C und Folsäure. Auch Kohlrabi sowie Eigelb zählen zu den Folsäure-Boostern. Parmesan liefert reichlich Kalzium und genau wie Ei und Milch viel Eiweiß.

ZUBEREITUNGSZEIT: *20 Min.*
PRO PORTION: *ca. 390 kcal, 28 g E, 25 g F, 12 g, KH, 5 g BS*

FÜR 2 PORTIONEN
200 g Brokkoli
240 g Kohlrabi
4 Eier
100 ml Milch
40 g Parmesan
Jodsalz, Pfeffer
frisch geriebene Muskatnuss
1 TL gemahlene Kurkuma
1 EL Rapsöl

TIPP:
Gelingt auch in einer Gratinform im Backofen bei 180° für 20–30 Min. Dann das Gemüse nicht vorgaren.

1 **Den Brokkoli waschen** und in kleine Röschen teilen. Die Stiele schälen und in dünne Scheiben schneiden. Kohlrabi schälen, vierteln und ebenfalls in dünne Scheiben schneiden. Wenn Blätter da sind, Stiele entfernen, Blätter waschen und hacken.

2 **Kohlrabi und Brokkoli** samt Blättern in einen Dämpfeinsatz legen und in einem Kochtopf mit wenig Wasser ca. 10 Min. vorgaren. Inzwischen die Eier mit Milch und Parmesan verquirlen, mit Salz, Pfeffer, Muskat und Kurkuma würzen.

3 **1 EL Öl** in einer beschichteten Pfanne (27 cm ∅) erhitzen, ein Drittel Eiermilch hineingießen, das Gemüse darauf verteilen und mit der übrigen Eiermilch bedecken. Zugedeckt bei mittlerer Hitze ca. 5 Min. garen, bis die Unterseite goldbraun ist, dann wenden und weitere 5 Min. garen. Schmeckt kalt und warm.

DER DRITTE MONAT

Langsam zeichnet sich eine süße Kugel unter deinem T-Shirt ab. Rund um die Brustwarzen bilden sich kleine Drüsen, eventuell tritt schon ein Tröpfchen Vormilch (Kolostrum) aus. Das Schwangerschaftshormon Progesteron lockert das Gewebe auf, um die Gebärmuttermuskulatur auf das wachsende Kind vorzubereiten. Deshalb tritt Wasser aus dem Blutkreislauf ins Gewebe über. Etwa zwei Liter Wasser werden nach und nach im Körper eingelagert, dadurch wird deine Silhouette ein wenig weicher und rundlicher. Dein Baby fängt an, deine Befindlichkeit und Bewegung wahrzunehmen und in deinem Bauch erste eigene Bewegungen auszuführen. Die Sinne und das Gehirn entwickeln sich.

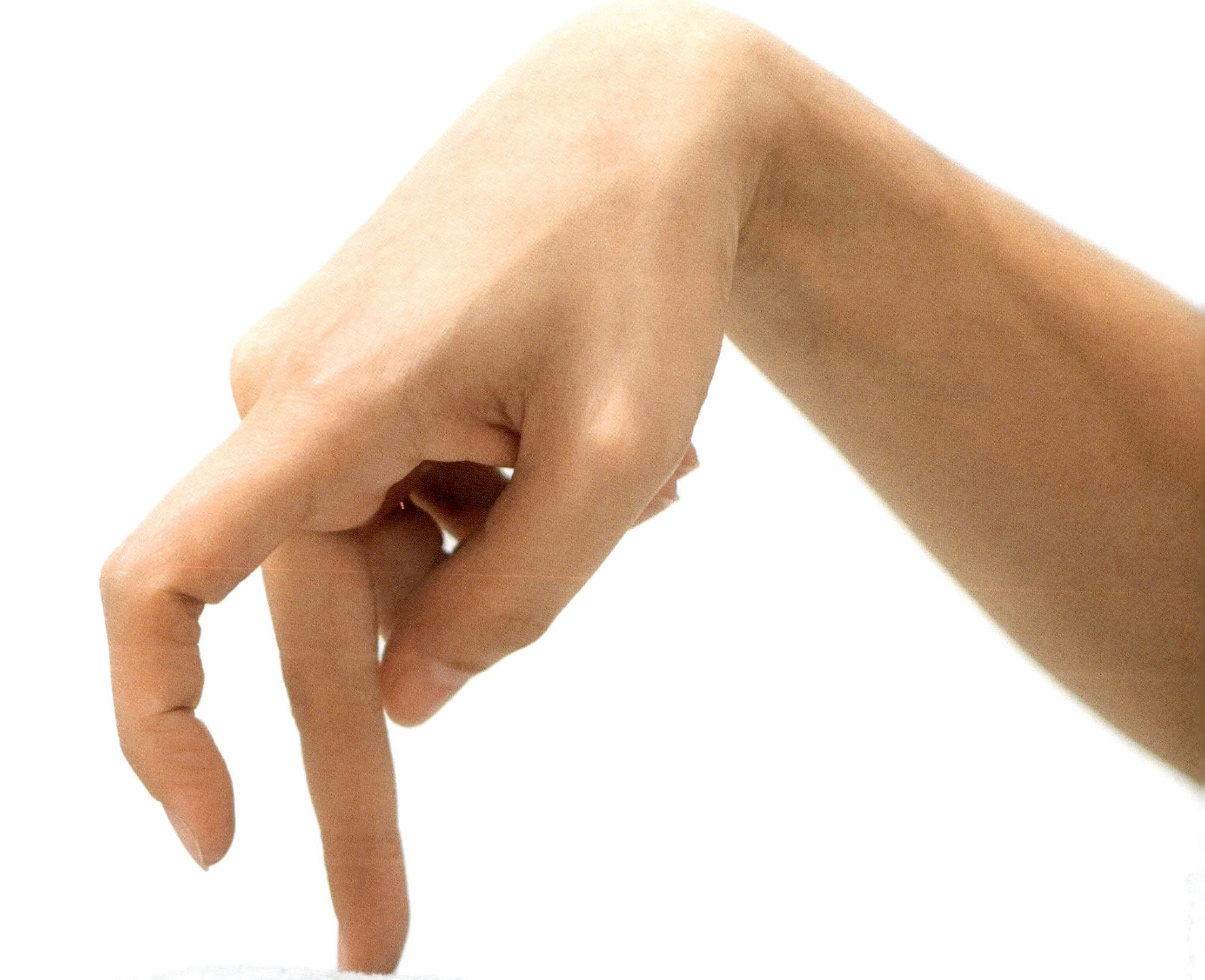

Was ich jetzt brauche

Dein Hormonhaushalt verändert sich: Gelegentlich spielt dein Gedächtnis verrückt, scherzhaft als »Schwangerschaftsdemenz« bezeichnet. Dein Immunsystem ist etwas wackelig und es kann häufiger zu Verstopfungen kommen. Deshalb habe ich auf reichlich Ballaststoffe in meinen Rezepten geachtet. Die helfen aber nur, wenn du viel trinkst. Die Omega-3-Fettsäuren, die der Gehirnentwicklung deines Kindes guttun, unterstützen auch deine grauen Zellen. Frische Lebensmittel bringen deine Immunabwehr in Schwung. Bewegung hält dich fit: Noch bist du mobil.

DARUM BIST DU MÜDE

Dein Körper leistet Schwerstarbeit und dein Blutdruck ist meist niedriger als vor der Schwangerschaft. Kein Wunder, dass du eine starke Müdigkeit empfindest! Sie kann aber auch ein Zeichen eines beginnenden Schwangerschaftsdiabetes sein: Das solltest du abklären.

WIE WIRKEN OMEGA-3-FETTSÄUREN?

Die Docosahexaensäure (DHA) und Eicosapentaensäure (EPA), zwei mehrfach ungesättigte Omega-3-Fettsäuren, spielen eine wichtige Rolle bei der Entwicklung des Gehirns, der späteren Lern- und Sehfähigkeit sowie der Sehschärfe des Kindes. Außerdem scheint es das Allergierisiko fürs Baby zu senken, wenn ca. 250 mg pro Tag verzehrt werden. Beide Fettsäuren werden auch in die Zellmembran eingebaut: Das macht Gefäßwände elastischer. Dadurch sinkt das Risiko für koronare Herzerkrankungen. Nicht ganz so wirkungsvoll ist die Alpha-Linolensäure, die ebenfalls zur Omega-3-Gruppe gehört. Diese Fettsäuren reduzieren außerdem Entzündungsreaktionen, Omega-6-Fettsäuren wie die Linolsäure fördern diese. Deswegen sollte man die etwas selteneren Omega-3-Fettsäuren in der Ernährung bevorzugen.

JETZT SIND OMEGA-3-FETTSÄUREN WICHTIG

WO SIND SIE DRIN?

Die Omega-3-Fettsäuren sind essenziell, können also vom Körper nicht selbst hergestellt werden. Sie sind vor allem in fettem Seefisch enthalten, aber auch in Nüssen und Saaten sowie deren Ölen. Das Netzwerk »Gesund ins Leben« empfiehlt mindestens 2 g Omega-3-Fettsäuren am Tag. Sie sind vor allem enthalten in:

- Fettem Seefisch wie Lachs, aber auch in anderen Seefischen
- Lein- und Chia-Samen, Hanfsaat und Walnüssen
- Leindotter- und Leinöl, Raps-, Soja- und Walnussöl

Andere Öle und Nüsse enthalten mehr Omega-6-Fettsäuren wie Distelöl oder Sonnenblumenöl. Das ist weniger günstig. Gut ist dagegen Olivenöl: Es enthält viele einfach ungesättigte Fette, die die Aufnahme der guten Fette nicht stören.

Was ist, wenn man ungern Fisch isst oder vegetarisch beziehungsweise vegan lebt? In dem Fall sind Supplemente, also Kapseln, die Omega-3-Fettsäuren enthalten, ideal. Sie sollten etwa 200 mg pro Tag liefern. In der Regel bestehen sie aus Fisch- oder Krillölen. Für Vegetarier sind Präparate auf der Basis von Mikroalgen geeignet.

Das Risiko einer Überdosierung besteht bei dieser Menge nicht. Auch wenn die Studienlage nicht ganz klar ist: Ich würde Fisch oder entsprechende Supplemente in jedem Fall empfehlen.

SCHOKOMILCH

Morgens kommt die Schokomilch genau richtig. Kakao liefert Kalium, Magnesium und Vitamin E. Und ein wenig anregendes Theobromin.

ZUBEREITUNGSZEIT: *5 Min.*
PRO PORTION: *ca. 235 kcal, 5 g E, 17 g F, 14 g KH, 6 g BS*

FÜR 1 PORTION
1 Stück Zartbitter-Schokolade
200 ml Mandeldrink (ungesüßt)
1 TL Kakaopulver
1 Prise Ceylon-Zimtpulver
1 Prise gemahlene Vanille

1 **Die Schokolade** fein reiben. Die Mandelmilch in einem Topf erhitzen und die Schokolade darin unter Rühren schmelzen. Vom Herd nehmen, Kakaopulver einrühren und mit Zimt und Vanille abschmecken.

SCHWANGERSCHAFTS-CHAI

Da Schwarztee auch Koffein enthält, ersetzen wir ihn durch Roibuschtee. Kardamom, Ingwer und Zimt wirken verdauungsfördernd.

ZUBEREITUNGSZEIT: *20 Min.*
PRO PORTION: *ca. 15 kcal, 0 g E, 0 g F, 4 g KH, 1 g BS*

FÜR 4 PORTIONEN
6 grüne Kardamom-Kapseln
1 Stück Ingwer (1 cm lang)
1 Stück Ceylon-Zimtstange
1 Beutel Roibuschtee
1 TL Honig
Milch
Zimtpulver zum Bestäuben

1 **Kardamom** zerstoßen. Ingwer in Scheiben schneiden. 700 ml Wasser zum Kochen bringen. Gewürze und Tee einrühren und 15 Min. ziehen lassen. Honig und Milch dazugeben. Mit Zimt bestäuben.

FRUCHTIGE BUTTERMILCH

TIPP:

Je reifer die Banane, desto höher ist ihr Zuckergehalt und damit ihr glykämischer Index.

Bananen liefern viel Magnesium, Kalium, Kalzium, Eisen, Folsäure, Zink und Vitamin K; Beeren jede Menge Vitamine und Antioxidantien. Buttermilch enthält gesunde Milchsäurebakterien und unterstützt so die Verdauung.

ZUBEREITUNGSZEIT: *5 Min.*
PRO PORTION: *ca. 36 kcal, 2 g E, 2 g F, 2 g KH, 5 g BS*

FÜR 1 PORTION
1 kleine reife Banane
1 Stück Ingwer (1 cm lang)
100 g Beeren (TK oder frisch)
100 ml Buttermilch

1 **Die Banane** und den Ingwer schälen und in Stücke schneiden. Mit den übrigen Zutaten im Standmixer pürieren. Den Drink in ein Glas gießen und genießen.

GRÜNE KRAFTQUELLE

Kresse wirkt antibakteriell und regt die Verdauung an, Dill beruhigt den Magen, Kefir tut dem Darm gut, Hefeflocken liefern B-Vitamine und Leindotteröl Omega-3-Fettsäuren.

ZUBEREITUNGSZEIT: *5 Min.*
PRO PORTION: *ca. 135 kcal, 7 g E, 9 g F, 6 g KH, 1 g BS*

FÜR 1 PORTION
⅓ Kästchen Kresse
2 Stängel Dill
100 ml Kefir
1 TL Hefeflocken (neutral)
1 TL Leindotteröl
100 ml Mineralwasser

1 **Die Kresse** vom Beet schneiden. Dill waschen, trocken schütteln und mit Stängel grob hacken.

2 **Die Kräuter** mit Kefir, Hefeflocken und Öl fein pürieren. Mit Mineralwasser aufgießen.

SCHOKOAUFSTRICH

ZUBEREITUNGSZEIT: *15 Min.*
PRO PORTION: *ca. 85 kcal, 2 g E, 6 g F, 7 g KH, 2 g BS*

FÜR 8 PORTIONEN
50 g Walnusskerne
100 g Kidneybohnen (Dose)
1 EL Rapsöl
30 g Soft-Datteln ohne Stein
1 EL Kakaopulver
1 Msp. gemahlene Vanille
1 Prise Ceylon-Zimtpulver
2 TL Ahornsirup

Kidneybohnen enthalten Magnesium und sind reich an Proteinen, Walnusskerne stecken voller Omega-3-Fette und Vitamin E. Ballaststoffe machen lange satt und fördern die Verdauung.

1 **Die Walnusskerne** in einer Pfanne ohne Fett anrösten, bis sie duften. Die Bohnen in ein Sieb abgießen.

2 **Abgetropfte Bohnen** mit gerösteten Walnusskernen, Rapsöl, Datteln, Kakaopulver und Vanille sowie Zimt zu einer Creme pürieren. Mit Ahornsirup süßen. Wenn nötig noch etwas Wasser dazugeben. In ein sauberes Schraubglas füllen und im Kühlschrank aufbewahren. Bleibt 4 Tage im Kühlschrank frisch.

WALNUSSKEKSE

ZUBEREITUNGSZEIT: *30 Min.*
QUELLZEIT: *2 Std.*
BACKZEIT: *30 Min.*
NÄHRWERTE PRO KEKS: *40 kcal, 1 g E, 3 g F, 3 g KH, 1 g BS*

FÜR 24 KEKSE
50 g Leinsamen
70 g Walnusskerne
20 g getrocknete Apfelringe
30 g Rosinen
100 g Apfelmus
1 Ei
1 TL Honig
1 Prise Jodsalz

Nüsse und Saaten liefern essenzielle Omega-3-Fettsäuren. Wichtig für die Gehirnentwicklung des Babys.

1 **Die Leinsamen zusammen** mit der Hälfte der Walnusskerne im Blitzhacker fein hacken. Apfelringe und Rosinen hacken. Den Leisamen-Walnuss-Mix, die Apfelringe und die Rosinen mit Apfelmus verrühren und mind. 2 Std. quellen lassen.

2 **Das Ei trennen**, Eigelb mit Honig cremig rühren und unter den Apfelmusmix rühren. Eiweiß mit 1 Prise Salz steif schlagen, unterziehen. Den Backofen auf 140° (Umluft) vorheizen. Ein Backblech mit Backpapier auslegen und mit zwei Teelöffeln ca. 24 Teighäufchen daraufsetzen. Übrige Walnüsse hacken und aufstreuen. Im Ofen (Mitte) 20–30 Min. backen.

KÖRNER-KRÄCKER

Diese Knusperbrote sorgen für essenzielle Fettsäuren und reichlich Ballaststoffe: prima fürs Büro oder als Beilage zu Suppen und Salaten. Toll zu Dips.

ZUBEREITUNGSZEIT: *10 Min.*
EINWEICHZEIT: *12 Std.*
BACKZEIT: *50 Min.*
PRO KRÄCKER: *60 kcal, 3 g EW, 3 g F, 5 g KH, 1 g BS*

FÜR 16 STÜCK
80 g rote Linsen
40 g Buchweizenkörner
50 g geschrotete Leinsamen
1 TL getrocknete Kräuter der Provence
50 g Walnusskerne
1 TL Salz

TIPP:

Du kannst Linsen und Buchweizen auch 2–3 Tage keimen lassen: Dabei steigen Vitamin- und Mineralstoffgehalt.

1 **Linsen, Buchweizenkörner**, Leinsamen und Kräuter in ca. 400 ml Wasser über Nacht einweichen. Übriges Wasser abgießen und aufheben.

2 **Am nächsten Tag** den Backofen auf 150° (Umluft) vorheizen. Die Körner mit den Walnüssen und dem Salz pürieren, wenn nötig etwas Einweichwasser dazugeben.

3 **Zwei Backbleche** mit Backpapier auslegen. Mit einem Löffel ca. 16 Portionen vom Teig abstechen und auf dem Blech zu flachen Fladen verstreichen. Im Ofen (Mitte) in ca. 50 Min. knusprig backen.

TIPP:

Fürs Büro die Suppe direkt nach dem Aufkochen in einen vorgewärmten Thermobehälter füllen.

LACHS-ONE-POT

ZUBEREITUNGSZEIT: *15 Min.*
PRO PORTION: *ca. 425 kcal, 28 g E, 15 g F, 41 g KH, 2 g BS*

FÜR 1 PORTION
100 g Lachsfilet
1 EL Zitronensaft
Jodsalz, Pfeffer
100 g Kirschtomaten
1 Handvoll Rucola (30 g)
1 Handvoll Sojasprossen (30 g)
50 g Mie-Nudeln
250 ml Miso- oder Gemüsebrühe

Lachs sorgt für essenzielle Omega-3-Fettsäuren, Jod und Eiweiß. Die Mie-Nudeln machen durch resistente Stärken lange satt.

1 **Das Lachsfilet** in kleine Würfel schneiden, mit Zitronensaft beträufeln, salzen und pfeffern. Die Tomaten waschen und halbieren. Rucola waschen, trocken schleudern und grob hacken. Sprossen waschen und abtropfen lassen.

2 **Alle Zutaten** in einen kleinen Topf füllen und mit der Gemüsebrühe übergießen, einmal kräftig aufkochen lassen. Dann zugedeckt ca. 5 Min. ziehen lassen.

VEGGIE-ONE-POT

ZUBEREITUNGSZEIT: *20 Min.*
PRO PORTION: *ca. 535 kcal, 15 g E, 25 g F, 57 g KH, 11 g BS*

FÜR 1 PORTION
150 g Pak Choi
20 g getrocknete Aprikosen
30 g Walnusskerne
60 g Bulgur
1 TL Walnussöl
250 ml Misobrühe
gemahlene Kurkuma

TIPP:
Miso ist eine fermentierte pflanzliche Brühe auf Basis von Getreide oder anderen Kohlenhydraten. Sie ist reich an Vitamin B_2, enthält aber kein Vitamin B_{12}.

Wer gern vegetarisch ist, sollte diese Bowl unbedingt probieren! Sie liefert nicht nur essenzielle Fette, Folsäure, Vitamin K und B-Vitamine, sondern geht auch superfix.

1 **Pak Choi waschen**, in 1 cm breite Streifen schneiden. Aprikosen in kleine Würfel schneiden. Walnusskerne grob hacken.

2 **Walnüsse** in einem kleinen Topf ohne Fett anrösten, bis sie duften. Dann alle übrigen Zutaten hinzufügen und einmal aufkochen. Bei kleiner Hitze zugedeckt ca. 15 Min. quellen lassen.

LACHSAUFSTRICH

ZUBEREITUNGSZEIT: *20 Min.*
PRO PORTION: *ca. 145 kcal, 8 g EW, 11 g F, 2 g KH, 0 g BS*

FÜR 4 PORTIONEN
½ Bio-Orange
100 g Lachsfilet
Jodsalz
1 Stück Ingwer (1 cm lang)
Dill
100 g Magerquark
3 EL Leinöl
Pfeffer

Roher Lachs ist in der Schwangerschaft tabu. Gegart hilft er bei der Versorgung mit Omega-3-Fettsäuren. Dieser Aufstrich ist eine tolle Alternative fürs Brot.

1 **Die Orange waschen** und abtrocknen. Die Schale abreiben und den Saft auspressen. Lachs in kleine Stücke schneiden und salzen. Orangensaft aufkochen und den Lachs darin ca. 2 Min. dünsten. Beiseitestellen.

2 **Den Ingwer schälen** und fein hacken. Den Dill waschen, trocken schütteln und die Blättchen abzupfen.

3 **Den abgekühlten Lachs** mit Quark und Leinöl mischen, salzen und pfeffern. Mit Ingwer und Orangenschale zu einer cremigen Masse pürieren. Abschmecken und mit Dill bestreuen. Der Aufstrich bleibt im Kühlschrank ca. 5 Tage frisch.

TIPP:

Die Terrine bleibt im Kühlschrank mind. 5 Tage frisch.

FISCHTERRINE

ZUBEREITUNGSZEIT: *20 Min.*
BACKZEIT: *40 Min.*
KÜHLZEIT: *4 Std.*
PRO SCHEIBE: *110 kcal, 10 g E, 6 g F, 3 g KH, 1 g BS*

FÜR 1 KASTENFORM (CA. 800 ML INHALT; 10 SCHEIBEN)
150 g TK-Rahmspinat
40 g Instant-Haferflocken
100 g Sojacreme
½ Bio-Zitrone
300 g helles Seefischfilet (z. B. Seelachs)
150 g Lachsfilet
Jodsalz, Pfeffer
1 Ei
frisch geriebene Muskatnuss
Öl für die Form

Diese Terrine bietet eine tolle Möglichkeit, Lachs in der Schwangerschaft zu genießen: als Brotbelag oder zu Ofengemüse und Salat.

1 **Den Spinat auftauen.** Mit Haferflocken und Sojacreme mischen. Die Zitrone heiß abwaschen und abtrocknen. Die Schale abreiben und den Saft auspressen. Das helle Fischfilet in Würfel, den Lachs in fingerdicke Streifen schneiden. Beides mit Zitronensaft und -schale mischen, salzen und pfeffern. Das Ei trennen. Spinatmix mit dem hellen Fisch, Eigelb und Muskat pürieren. Eiweiß steif schlagen und unterziehen.

2 **Backofen** auf 180° vorheizen. Eine Kastenform fetten. Im Wechsel Fischfarce und Lachsstreifen einschichten, andrücken, Deckel oder Backpapier auflegen. Im Ofen (Mitte) 30–40 Min. garen. Abkühlen lassen, mind. 4 Std. kalt stellen.

DER VIERTE MONAT

Das erste Trimester ist geschafft! Dein Baby hat nun die Größe einer Zitrone und alle inneren Organe sind angelegt. Beruhigend: Das Risiko für eine Fehlgeburt sinkt deutlich. Nun heißt es für dein Baby wachsen und größer werden. Und das sieht man auch: Dein Bauch wird allmählich runder. Für das Wachstum ist besonders Kalzium wichtig, damit das Baby starke Knochen bekommt. Dass dein Baby wächst, merkst du auch gelegentlich an dem sanften Zucken deines Bauches. Das ist ein Zeichen dafür, dass die Lunge sich entwickelt und das Baby Schluckauf hat, weil es Fruchtwasser einatmet. Wenn das Baby günstig liegt, sieht man ab der 14. Woche, ob es ein Junge oder ein Mädchen wird.

Was ich jetzt brauche

Die Übelkeit lässt nach und der Appetit kehrt zurück. Allerdings solltest du jetzt besonderes darauf achten nicht zu viel zu essen, auch wenn es wieder schmeckt. Die DGE empfiehlt, pro Tag nicht mehr als ca. 250 kcal zusätzlich zu essen. Das reicht vollkommen aus, damit dein Baby optimal versorgt wird. Aber auf Kalzium solltest du ab jetzt besonders achten: Sonst leiden deine eigenen Knochen, weil sich dein Kind fürs Wachstum holt, was es braucht. Und deine Reserven stecken in deinen Knochen. Deshalb findest du in diesem Kapitel viele kalziumreiche Rezepte.

SELTSAME GELÜSTE

Gurken mit Nutella würdest du normal nie essen, aber Dinge, die dir immer geschmeckt haben, findest du ungenießbar. Das ist eine harmlose Variante des Pica-Syndroms. Dahinter vesteckt sich kein natürlicher Bedarf: Gesunder Menschenverstand hilft auch jetzt!

JETZT IST KALZIUM WICHTIG

WIE WIRKT KALZIUM?

Kalzium ist ein lebenswichtiger Mineralstoff. Es ist der am stärksten vertretene Mineralstoff in unserem Körper und liegt zu 99 Prozent in unseren Knochen und Zähnen gebunden vor. Kalzium ist somit der wichtigste Baustein für den Aufbau und die Stabilisierung unserer Knochen und Zähne. In der Schwangerschaft ist der Bedarf erhöht – denn auch das Baby braucht Kalzium für eine gesunde und stabile Entwicklung seiner Knochenstruktur. 30 g lagert der Körper des Babys ein. Auch für ein gesundes Herz, Nerven und Muskeln, einen normalen Herzrhythmus und die Fähigkeit zur Blutgerinnung, benötigt das Baby Kalzium.

WO IST ES DRIN?

Wenn in der täglichen Nahrung nicht ausreichend Kalzium steckt, wird es aus Knochen und Zähnen der Schwangeren abgebaut, um das Baby zu versorgen. Dadurch kommt es zu einem Mangel, die Stabilität der Knochen leidet und aufgrund des erhöhten Östrogenspiegels kann der Säuregehalt des Speichels steigen. In Kombination mit einer unzureichenden Kalziumzufuhr wird so die Zahngesundheit beeinträchtigt. Nicht umsonst hieß es früher: Jede Schwangerschaft kostet einen Zahn. Deshalb achte auf eine ausreichende Kalziumzufuhr, denn bei Knappheit stellt dein Körper das Ungeborene an erste Stelle. Neben Milch- und Milchprodukten gibt es zahlreiche andere Lebensmittel, die viel Kalzium enthalten. Allerdings wird es aus pflanzlichen Quellen nicht so gut aufgenommen.

- Milch und Milchprodukte wie Joghurt, Kefir, Käse und Quark
- Gemüsesorten wie Brokkoli, Grünkohl, Rucola, Spinat, Mangold, Lauch, Fenchel
- Sojabohnen
- Nüsse wie Haselnüsse oder Paranüsse
- Feigen

Eine weitere Möglichkeit, um den Kalziumbedarf zu decken, ist kalziumreiches Mineralwasser. Achte auf einen Gehalt von über 150 mg/l. Pflanzliche Getränke, die als Ersatz für Milch dienen, sollten mit mind. 1,2 g Kalzium pro Liter angereichert sein.

VARIANTE:

Im Sommer passen Pfirsich und Beeren. Schmeckt auch mit Raspelapfel oder Mango.

OVERNIGHT-OATS MIT ORANGE

ZUBEREITUNGSZEIT: *10 Min.*
QUELLZEIT: *12 Std.*
PRO PORTION: *ca. 435 kcal, 11 g E, 19 g F, 53 g KH, 8 g BS*

FÜR 1 PORTION
1 Bio-Orange
30 g Haferflocken
1 Prise Ceylon-Zimtpulver
½ Granatapfel
2 EL Haselnusskerne (ca. 20 g)
100 g Joghurt

Haferflocken, Haselnüsse und Joghurt sind reich an Kalzium: Das hilft den hohen Bedarf zu decken. Durch das Einweichen werden die Flocken leichter verdaulich.

1 **Die Orange** halbieren. Eine Hälfte auspressen. Saft mit Haferflocken, 1 EL Wasser und Zimtpulver mischen und über Nacht im Kühlschrank quellen lassen.

2 **Am Morgen** die übrige Orangenhälfte schälen und das Fruchtfleisch klein schneiden. Die Granatapfelhälfte auseinanderbrechen und die Kerne herauslösen. Die Haselnüsse klein hacken und mit dem Obst und dem Joghurt zum Porridge geben.

BANANENMILCH

ZUBEREITUNGSZEIT: *5 Min.*
PRO PORTION: *ca. 225 kcal, 9 g E, 8 g F, 28 g KH, 1 g BS*

FÜR 1 PORTION
½ Banane (50 g)
50 g Joghurt
150 ml Milch
15 g Pop-Quinoa
1 Prise gemahlene Vanille

Mit dieser kalziumreichen Bananenmilch gelingt ein leichter Start in den Tag, auch wenn du morgens eigentlich noch gar nichts essen magst.

1 **Die Banane schälen**, halbieren und mit dem Joghurt, der Milch, dem Quinoa und der Vanille pürieren. In ein großes Glas füllen und genießen.

VARIANTE:

Mit ¼ Avocado und etwas Zitronensaft statt Banane wird es Low Carb.

VARIANTE:
Schmeckt milder mit Feige und Senf. Radieschen durch 2–3 klein geschnittene frische Feigen ersetzen und Schnittlauch durch 1 EL Dijon-Senf.

RICOTTA-RADIESCHEN-CREME

ZUBEREITUNGSZEIT: *10 Min.*
PRO PORTION: *ca. 70 kcal, 4 g E, 5 g F, 1 g KH, 1 g BS*

FÜR 8 PORTIONEN
1 Bund Radieschen mit Grün
1 Bund Schnittlauch
1 Stück Meerrettich (2 cm lang; ersatzweise 2 TL Meerrettich aus dem Glas)
250 g Ricotta
Jodsalz, Pfeffer

Ricotta ist reich an Kalzium und Eiweiß. Die Senföle in Schnittlauch und Meerrettich wirken antibakteriell und unterstützen das Immunsystem.

1 **Die Radieschen** waschen und putzen. Das Grün ohne Stiele fein hacken. Radieschen grob hacken. Schnittlauch waschen, trocken schütteln und in Röllchen schneiden. Meerrettich schälen und fein reiben.

2 **Den Ricotta** mit gehackten Radieschen, Meerrettich und Schnittlauch in einer Schüssel verrühren. Mit Salz und Pfeffer würzen und in eine Frischhaltebox umfüllen. Hält sich im Kühlschrank mindestens 5 Tage. Schmeckt als Brotaufstrich oder zu Pellkartoffeln und Ofengemüse.

TOMATENKÄSE

ZUBEREITUNGSZEIT: *10 Min.*
PRO PORTION: *ca. 50 kcal, 3 g E, 3 g F, 1 g KH, 1 g BS*

FÜR 8 PORTIONEN
1 Paprika (ca. 200 g)
60 g Schafskäse (Feta)
40 g Parmesan
100 g Tomatenmark
½ TL getrocknete Kräuter der Provence
Pfeffer

VARIANTE:
Schmeckt auch mit 30 g getrockneten Tomaten statt Paprika.

Feta und Parmesan sorgen für viel Kalzium. Tomatenmark enthält eine große Menge Lycopin, ein Carotinoid, das antioxidativ wirkt und so die Zellen schützt. Und Paprika steckt voller Vitamin C.

1 **Die Paprika waschen**, halbieren, weiße Trennwände und Kerne entfernen und in kleine Würfel schneiden. Den Schafskäse in kleine Stücke schneiden. Den Parmesan fein reiben. Zusammen mit Paprika, Schafskäse und Tomatenmark in eine Schüssel geben.

2 **Alle Zutaten** miteinander vermischen und mit Kräutern und Pfeffer würzen.

TIPP:

Für den Vorrat die doppelte Menge zubereiten und die geformten Klößchen einfrieren.

KÄSEKLÖSSCHEN

ZUBEREITUNGSZEIT: *15 Min.*
PRO PORTION: *ca. 325 kcal, 23 g E, 13 g F, 25 g KH, 0 g BS*

FÜR 1 PORTION
25 g Bergkäse
100 g Quark
3 EL Semmelbrösel
Jodsalz, Pfeffer
frisch geriebene Muskatnuss
¼ TL gemahlene Kurkuma
300 ml Gemüsebrühe

Die Kombination aus Quark und Bergkäse liefert gut verwertbares Eiweiß und Kalzium für Knochen und Zähne. Muskat regt die Verdauung an und wirkt entspannend.

1 **Den Käse** fein reiben. Mit Quark und Semmelbröseln verkneten und mit Salz, Pfeffer, Muskat und Kurkuma kräftig würzen.

2 **Die Brühe** zum Kochen bringen. Mit zwei angefeuchteten Teelöffeln kleine Klößchen abstechen. In der Gemüsebrühe 5–7 Min. gar ziehen lassen. Nicht sprudelnd kochen: Sonst zerfallen die Klößchen. Passt als Einlage zu Suppen oder auch kalt zu Salat.

LEICHTE KÄSESAUCE

ZUBEREITUNGSZEIT: *30 Min.*
PRO PORTION: *ca. 250 kcal, 18 g E, 16 g F, 7 g KH, 5 g BS*

FÜR 4 PORTIONEN
1 Knoblauchzehe
400 g Blumenkohlröschen
200 ml alkoholfreies Bier
1 EL Johannisbrotkernmehl (ersatzweise Speisestärke)
200 g Reibekäse (am besten Bergkäse)
100 ml Milch
Jodsalz, Pfeffer
frisch geriebene Muskatnuss

TIPP:
Ideal für die Stillzeit: Alkoholfreies Bier wirkt milchbildend und Kalzium brauchst du ohnehin. Sie lässt sich prima einfrieren.

Gemüsebeilage und Eiweißlieferant in einem, extraviel Kalzium inklusive! Die Käsesauce ist ein schneller, feiner Begleiter für Kartoffeln oder Pasta – und für noch mehr Gemüse.

1 **Den Knoblauch schälen** und fein hacken. Die Blumenkohlröschen waschen, große Röschen klein schneiden.

2 **Das Bier** in einem Topf erhitzen. Blumenkohl und Knoblauch dazugeben und bei kleiner Hitze 10–15 Min. zugedeckt köcheln, bis der Blumenkohl weich ist.

3 **Den Blumenkohl** mit dem Johannisbrotkernmehl cremig pürieren und aufkochen. Den Käse nach und nach unterrühren ud schmelzen lassen. Die Milch dazugeben und weitere 5 Min. köcheln lassen. Mit Salz, Pfeffer und Muskat würzen.

SCHOKO-GRIESS-GRATIN MIT MANGOSAUCE

Heißhunger auf Süßes kann auch gesund gestillt werden: Milch liefert reichlich Kalzium, Datteln süßen ganz natürlich und versorgen dich gleich noch mit Kalium und Magnesium.

ZUBEREITUNGSZEIT: *20 Min.*
BACKZEIT: *30 Min.*
PRO PORTION: *ca. 420 kcal, 16 g E, 12 g F, 60 g KH, 4 g BS*

FÜR 1 AUFLAUFFORM (18 × 18 CM; 2 PORTIONEN)

4 Soft-Datteln
400 ml Milch
1 TL Kakaopulver
½ TL Ceylon-Zimtpulver
1 Prise gemahlene Vanille
80 g Vollkorn-Dinkelgrieß
1 reife Mango
1 Ei
1–2 EL Zitronensaft

VARIANTE:

Statt Mango Birne, Melone, Pfirsich, Aprikose oder Banane nehmen.

1 **Den Backofen** auf 180° (Umluft) vorheizen. Die Datteln wenn nötig entsteinen und mit 100 ml Milch fein pürieren. In einem Topf die restliche Milch mit dem Kakaopulver, dem Zimt und der Vanille aufkochen und den Grieß unter Rühren einrieseln lassen. 5 Min. unter Rühren bei kleiner Hitze zu einem dicken Brei kochen. Vom Herd nehmen.

2 **Die Mango schälen**, vom Kern schneiden und in Würfel schneiden. Das Ei trennen, Eiweiß steif schlagen und beiseitestellen. Das Eigelb mit der Dattelmilch unter den Grieß rühren, den Eischnee unterheben und alles in eine Auflaufform füllen. Die Hälfte der Mangowürfel auf dem Gratin verteilen. Im Ofen (Mitte) ca. 30 Min. backen.

3 **Inzwischen** die übrige Mango mit dem Zitronensaft pürieren. Das Gratin zusammen mit der Mangosauce genießen.

TIPP:

Das abgekühlte Brot in 20 Scheiben schneiden und einfrieren. Portionsweise auftauen. Hält sich ca. 1 Jahr in der Gefriertruhe.

SÜSSKARTOFFEL-BROT MIT APFEL

ZUBEREITUNGSZEIT: *30 Min.*
RUHEZEIT: *30 Min.*
BACKZEIT: *1 Std.*
PRO PORTION: *ca. 135 kcal, 5 g E, 2 g F, 24 g KH, 4 g BS*

FÜR 20 PORTIONEN

500 g Vollkorn-Dinkelmehl (ersatzweise Vollkorn-Weizenmehl)
80 g Großblatt-Haferflocken
1 Pck. Trockenhefe
1 TL Ceylon-Zimtpulver
250 ml Apfelsaft
150 g Magerquark
400 g Süßkartoffeln
1 großer Kochapfel (z. B. Boskop)
1 TL Jodsalz
Öl und Haferflocken für die Form

Süßkartoffeln stecken voller Carotinoide, die unsere Zellen vor oxidativem Stress schützen.

1 **Das Mehl** mit Haferflocken, Trockenhefe und Zimtpulver mischen. Apfelsaft erwärmen und mit dem Quark unterkneten. Nach und nach 150 ml lauwarmes Wasser einarbeiten. Teig ca. 30 Min. gehen lassen. Die Süßkartoffeln waschen und schälen. Apfel waschen. Beides grob raspeln. Mit dem Salz unter den Teig kneten.

2 **Eine Kastenform** mit Öl fetten und mit Haferflocken ausstreuen. Teig in die Form füllen. Mit Haferflocken bestreuen. In den kalten Ofen (Mitte) stellen. Auf 180° anheizen. Das Brot für ca. 1 Std. backen. 15 Min. in der Form abkühlen lassen, dann aus der Form stürzen.

NICEICE

ZUBEREITUNGSZEIT: *10 Min.*
KÜHLZEIT: *5 Std.*
PRO PORTION: *ca. 150 kcal, 2 g E, 2 g F, 32 g KH, 4 g BS*

FÜR 2 PORTIONEN
1 überreife Banane
1 Granatapfel
2 EL Joghurt
1 Prise gemahlene Vanille

VARIANTE:

Schmeckt auch mit Orangensaft, Mango oder Pfirsich.

Lust auf Süßes? Die Banane sorgt für ein Plus an Kalzium, Kalium und Magnesium. Auch der Granatapfel liefert Kalium sowie B-Vitamine und beugt Harnwegsinfekten vor.

1 **Die Banane schälen**, in grobe Stücke schneiden und mind. 5 Std. tiefkühlen.

2 **Den Granatapfel** halbieren, einige Körner für die Deko herauspulen, beiseitestellen. Granatapfel mit einer elektrischen Zitruspresse auspressen.

3 **Die gefrorenen Bananenscheiben** mit dem Saft und dem Joghurt im Standmixer oder mit dem Pürierstab zu einer glatten Masse pürieren. Mit Vanille abschmecken, mit Granatapfelkernen bestreuen und genießen.

DER FÜNFTE MONAT

Dein Baby erreicht nun die Größe einer Paprika. Das Gehör ist so weit entwickelt, dass es Geräusche aus der Außenwelt wahrnimmt. Ab jetzt kannst du mit ihm reden. Höhere Frequenzen erfasst es besser als tiefe. Vielleicht hörst du mit ihm Musik? Die Entwicklung von neuen Gehirnzellen vollzieht sich rasant. Minütlich entstehen bis zu 200 000 Zellen. Das Baby, das in der Wissenschaftssprache noch Fötus heißt, fängt an, seine Muskulatur zu stärken. Wenn sich dein Baby bewegt, spürst du es: Noch hat es Platz zum Toben! Nun beginnt der Energieschub des zweiten Trimesters, nutze deine Tatkraft für Vorbereitungen, leichten Sport, Reisen und genieße die Zweisamkeit mit deinem Partner.

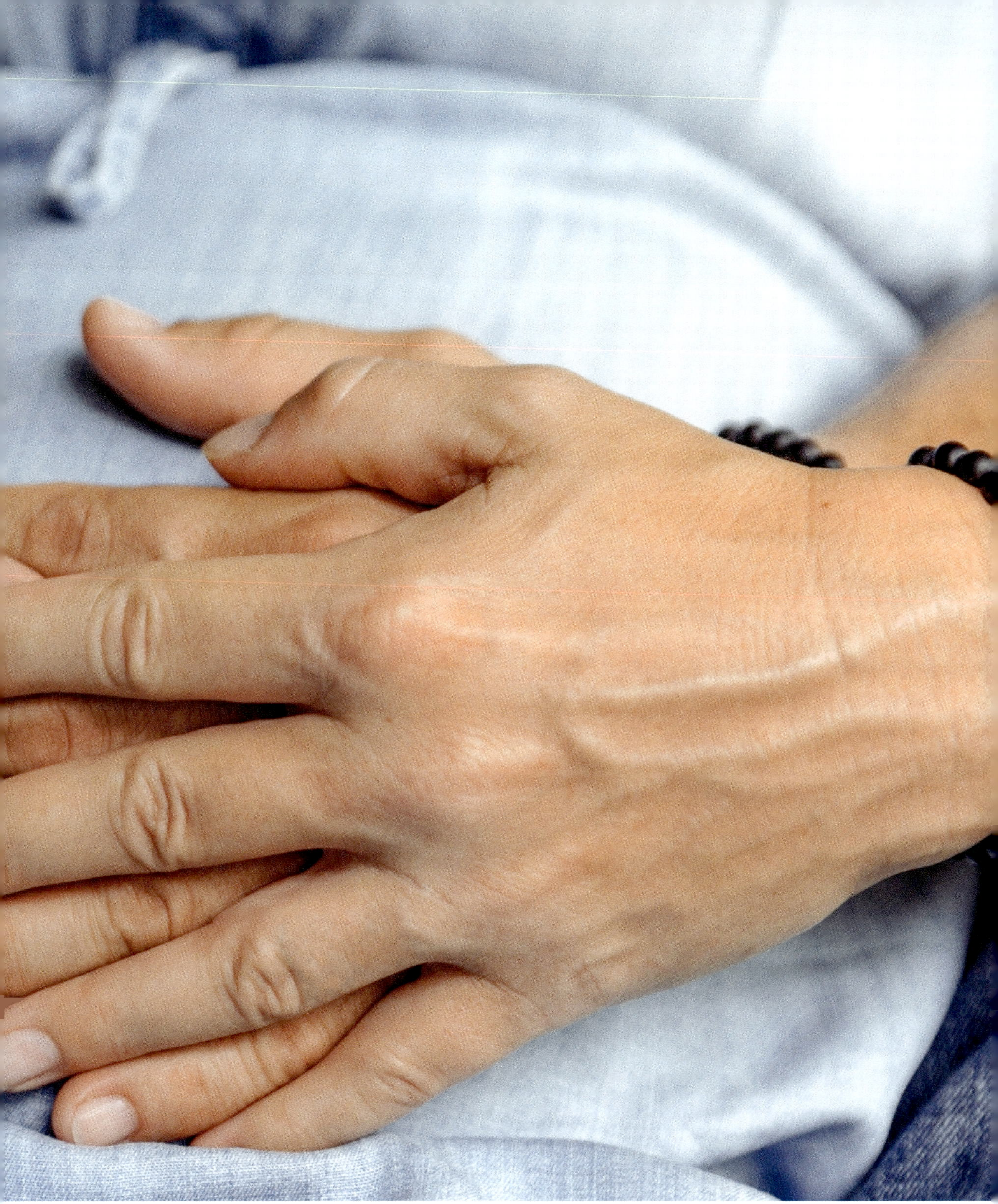

Was ich jetzt brauche

Jetzt beginnt die echte Kugelzeit – dein Bauch wird immer runder. Und du wirst mit einem neuen Schub von Schwangerschaftshormonen überflutet. Das in Kombination mit einer stärkeren Durchblutung der Nasenschleimhaut bewirkt eine Schnupfennase. Hier helfen Meersalz-Nasensprays. Keine Angst: Die sind auch für dein Baby unbedenklich. Wenn du vorher noch nicht daran gedacht hast: Spätestens jetzt brauchen Bauch und Busen besondere Pflege. Um Dehnungsstreifen vorzubeugen, helfen reichhaltige Körperlotionen sowie Massagen mit milden Ölen.

DER BAUCH IST VOLL

Sodbrennen und Völlegfühl gehören zu den häufigsten Beschwerden. Der Muskel, der deine Speiseröhre vom Magen trennt, vermindert seine Funktion. Auch deine Gebärmutter drückt von unten auf den Magen und befördert Magensäure nach oben.

Das hilft bei Sodbrennen

- Schon am Vorabend ein kleines Frühstück ans Bett stellen.
- Fette Mahlzeiten vermeiden, gründlich kauen.
- Haferflocken und Vollkorntoast können Magensäure neutralisieren, ebenso Saft von roh geriebenen Kartoffeln.
- 1–2 Std. vor dem Schlafen nichts mehr essen, nicht zu spät abends essen.
- Mehrmals täglich kleine Mahlzeiten einnehmen.
- Schlafen mit leicht erhöhtem Oberkörper.
- Tees mit Basilikum oder Melisse zwischen den Mahlzeiten lindern Beschwerden.
- Wenn es schlimmer wird, kann ein Medikament helfen. Frag deinen Arzt um Rat.

WIE WIRKT EISEN?

Für den Fötus und die Plazenta wird zusätzlich Eisen benötigt. Auch das mütterliche Blutvolumen vergrößert sich, sodass der Eisenbedarf deutlich ansteigt. Die empfohlene Zufuhr für Schwangere liegt bei 30 mg Eisen pro Tag. Wird zu wenig Eisen aufgenommen, ist ein Eisenmangel die Folge. Dies führt zu einer ungenügenden Sauerstoffversorgung deines Babys und kann verschiedene Komplikationen nach sich ziehen sowie das Risiko von Früh- und Fehlgeburten erhöhen. Dennoch: Nimm nicht einfach prophylaktisch Eisenpräparate ein. Lass deinen Status vom Arzt kontrollieren.
Vorsicht: Die Eisenaufnahme kann durch weitere Stoffe verschlechtert werden. Kaffee und Schwarztee vermindern die Aufnahme von Eisen. Diese Getränke deshalb nicht unmittelbar zu den Mahlzeiten trinken. Auch Milch sollte nicht mit einer eisenreichen Mahlzeit kombiniert werden.

JETZT IST EISEN WICHTIG

WO IST EISEN DRIN?

Fleisch ist die beste Eisenquelle, da das Eisen sehr gut für den Körper verfügbar ist, während pflanzliches Eisen schlecht vom Körper aufgenommen werden kann. Dennoch sollte die Eisenzufuhr durch pflanzliche Lebensmittel nicht unterschätzt werden. Vor allem in Vollkorn ist viel enthalten. Aber auch Nüsse und Saaten sind gute Lieferanten. Vegetarierinnen sollten ihren Eisenstatus trotzdem regelmäßig von einem Arzt kontrollieren lassen.
Wichtig: Die Aufnahme von Eisen aus pflanzlichen Quellen wird durch Vitamin C verbessert. Deshalb immer mit Vitamin-C-reichen Obst- oder Gemüsesorten kombinieren. Wie in meinen Rezepten. Es hilft auch, das Essen mit etwas Zitronensaft zu beträufeln oder dazu eine Schorle mit Apfel- oder frisch gepresstem Orangensaft oder mit Schwarzem Johannisbeersaft zu trinken: Der ist besonders reich an Vitamin C, obwohl er meist nur als Nektar erhältlich ist.

- Δ Fleisch: Schweinefilet, Rindfleisch, Lamm, Wild, Geflügel
- Δ Magere Fleisch- und Wurstwaren: Leberwurst, Mortadella, Schinken
- Δ Hülsenfrüchte: Linsen, Sojabohnen, Bohnen
- Δ Gemüse: Fenchel, Spinat, Feldsalat, Kräuter
- Δ Getreide und Pseudogetreide: Amarant, Quinoa, Hirse, Hafer, Roggenvollkornbrot, Weizen- und Dinkelvollkorn
- Δ Saaten: Sesam, Kürbiskerne, Sonnenblumenkerne

KNUSPERMÜSLI

ZUBEREITUNGSZEIT: *10 Min.*
PRO PORTION: *ca. 170 kcal, 6 g E, 7 g F, 20 g KH, 2 g BS*

FÜR 10 PORTIONEN

FÜR DAS KNUSPERMÜSLI
50 g Sesam
60 g Kürbiskerne
40 g Erythrit
80 g Pop-Amarant
200 g Hirseflocken
Ceylon-Zimtpulver (nach Belieben)

FÜR DAS TOPPING
100 g Beeren
150 g Joghurt

Amarant und Kürbiskerne sind ein wahrer Eisen-Booster und supereiweißreich! Das macht lange satt und ist jetzt besonders wichtig. Erythrit sorgt für gesunde Süße.

1 **Sesam und Kürbiskerne** in einer Pfanne anrösten. Erythrit dazugeben und schmelzen lassen. Amarant, Hirseflocken und nach Belieben Zimt untermischen. Vom Herd nehmen und auskühlen lassen. Nach dem Abkühlen in eine Box füllen.

2 **Für 1 Frühstücksportion** die Beeren vorsichtig waschen und trocken tupfen. 3–4 EL Knuspermüsli mit Beeren und Joghurt mischen und genießen.

TIPP:

Die Waffeln lassen sich einfrieren und nach Bedarf im Toaster aufbacken.

HIRSEWAFFELN

ZUBEREITUNGSZEIT: *35 Min.*
PRO PORTION: *ca. 465 kcal, 8 g E, 28 g F, 44 g KH, 3 g BS*

FÜR CA. 4 WAFFELN

1 Ei
5 EL Rapsöl
2 EL Honig
120 g Instant-Hirseflocken
50 g Sesam
½ TL Ceylon-Zimtpulver
1 Prise Jodsalz
100 ml Apfelsaft (naturtrüber Direktsaft)
1 süßer Apfel (ca. 200 g)
Butter für das Waffeleisen
Puderzucker (nach Belieben)

Hirse liefert Magnesium und Eisen, Sesam bringt zusätzlich zum Eisen noch Kalzium mit. Kombiniert mit dem fruchtigen Apfel schmecken diese Waffeln natürlich süß.

1 **Das Ei** mit Öl und Honig cremig schlagen. Hirseflocken, Sesam, Zimt und 1 Prise Salz zusammen mit dem Apfelsaft unterrühren. Den Apfel waschen und vierteln. Das Kerngehäuse entfernen. Mit der Schale grob raspeln und unter den Teig heben. 15 Min. quellen lassen.

2 **Das Waffeleisen** aufheizen und die Backflächen mit Butter einpinseln. Pro Waffel ca. 4 EL Teig in die Mitte des Waffeleisens geben. Das Waffeleisen schließen und den Teig in 3–4 Min. goldbraun ausbacken. Nach Belieben mit Puderzucker bestäuben.

KIDNEYBOHNEN-PATTY

ZUBEREITUNGSZEIT: *25 Min.*
PRO PORTION: *ca. 375 kcal, 22 g E, 12 g F, 44 g KH, 13 g BS*

FÜR 3 PORTIONEN (CA. 9 PATTYS)
1 kleine Zwiebel
1 Knoblauchzehe
2 Dosen Kidneybohnen (à 250 g Abtropfgewicht)
2 Eier
2 EL Würz-Hefeflocken
1 EL Tomatenmark
1 TL getrocknete Kräuter der Provence
60 g Feinblatt-Haferflocken
70 g Sonnenblumenkerne
Jodsalz, Pfeffer
2–3 EL Öl

TIPP:
Mit einem der Salate oder zu einer der Suppen werden die Pattys zur Hauptmahlzeit: ideal für das Mittagessen am Arbeitsplatz.

Kidneybohnen und Haferflocken machen dieses Veggie-Patty zu einem wahren Eisenwunder. Sie schmecken kalt und warm und lassen sich prima mitnehmen.

1 **Die Zwiebel und den Knoblauch** schälen und fein hacken.

2 **Kidneybohnen** in ein Sieb abgießen und abtropfen lassen. Mit Eiern, Hefeflocken, Tomatenmark und Kräutern pürieren. Zwiebeln, Knoblauch, Haferflocken und Sonnenblumenkerne untermischen. Mit Salz und Pfeffer würzen.

3 **Mit nassen Händen** Pattys formen. Das Öl in einer Pfanne erhitzen und die Pattys darin von beiden Seiten bei niedriger Hitze knusprig braten. Wenn nötig Öl dazugeben.

GRÜNE FRIKADELLEN

ZUBEREITUNGSZEIT: *25 Min.*
BACKZEIT: *20 Min.*
PRO PORTION: *ca. 235 kcal, 24 g E, 11 g F, 10 g KH, 4 g BS*

FÜR 3 PORTIONEN (CA. 9 FRIKADELLEN)

300 g Brokkoli
250 g mageres Rinderhackfleisch
1 Ei
1 EL scharfer Senf
1 TL mildes Currypulver
Jodsalz, Pfeffer
2–4 EL Feinblatt-Haferflocken
Öl für das Blech

TIPP:
Perfekt als Pattys für Mini-Burger oder zum Salat.

Dank Rindfleisch und Brokkoli sind diese Frikadellen ein idealer Eisenlieferant für zwischendurch. Der Brokkoli bringt frischen Schwung und macht die Frikadellen saftiger.

1 **Brokkoli waschen** und in kleine Röschen schneiden. Den Stiel in kleine Würfel schneiden. Im Blitzhacker grob hacken. Mit Hackfleisch, Ei, Senf, Currypulver, Salz und Pfeffer verkneten. So viele Haferflocken dazugeben, bis eine formbare Masse entsteht.

2 **Den Backofen** auf 180° vorheizen. Ein Backblech mit Backpapier auslegen. Die Masse in sechs Portionen teilen und zu flachen Frikadellen formen. Das Backpapier mit Öl einpinseln und die Frikadellen beim Auflegen darin wenden.

3 **Im Ofen (Mitte)** ca. 20 Min. backen. Schmeckt warm und kalt.

SPINATSUPPE MIT KARTOFFELCROÛTONS

ZUBEREITUNGSZEIT: *30 Min.*
PRO PORTION: *ca. 260 kcal, 10 g E, 11 g F, 29 g KH, 5 g BS*

FÜR 2 PORTIONEN
2 Kartoffeln (ca. 200 g)
1 Dose Kichererbsen (Abtropfgewicht 130 g)
1 EL Tahin (Sesampaste)
200 g TK-Spinat
gemahlener Kreuzkümmel
Jodsalz, Pfeffer
1 EL Öl

TIPP:
Kartoffeln vom Vortag verwenden! Kartoffeln bilden beim Abkühlen resistente Stärken, die unser Körper nicht verwerten kann. Das reduziert den Kaloriengehalt.

Spinat und Tahin liefern super viel Eisen und bilden mit dem Eiweiß aus Kichererbsen und Kartoffeln eine vollwertige Mahlzeit.

1 **Die Kartoffeln** waschen und in Salzwasser ca. 20 Min. kochen. Die Kichererbsen abgießen. Den Sud auffangen und mit dem Handrührgerät zu steifem Schnee schlagen. Die Kichererbsen pürieren. Mit Tahin, 100 ml Wasser und Spinat erhitzen, bis dieser völlig aufgetaut ist. Mit Kreuzkümmel, Salz und Pfeffer würzen.

2 **Die Kartoffeln** abschrecken, pellen und in kleine Würfel schneiden. In einer beschichteten Pfanne in Öl knusprig braun braten, salzen. Die Suppe erhitzen und den aufgeschlagenen Kichererbsensud unterheben. Mit Kartoffelcroûtons toppen.

TIPP:

Dazu passt das Kürbiskernpesto (siehe S. 100) als Topping.

SÜSSKARTOFFEL-SUPPE

ZUBEREITUNGSZEIT: *30 Min.*
PRO PORTION: *ca. 245 kcal, 3 g E, 11 g F, 30 g KH, 4 g BS*

FÜR 2 PORTIONEN
1 Stück Ingwer (1 cm lang)
300 g Süßkartoffel
1 ½ EL Rapsöl
1 Prise gemahlene Kurkuma
500 ml Gemüsebrühe
1 EL Schmand
1–2 EL grober Senf
Jodsalz, Pfeffer
frisch geriebene Muskatnuss

Süßkartoffeln liefern viel Zink und machen lange satt. Senf beugt Sodbrennen vor.

1 **Den Ingwer schälen** und fein hacken. Die Süßkartoffeln schälen und in kleine Stücke schneiden.

2 **Das Öl** in einem Topf erhitzen, die Süßkartoffeln und den Ingwer darin andünsten. Kurkuma dazugeben, kurz mitdünsten und mit der Gemüsebrühe ablöschen. In 20 Min. bei kleiner Hitze weich garen.

3 **Schmand und Senf** in die Suppe rühren, mit Salz, Pfeffer und Muskat würzen. Alles fein pürieren, bei Bedarf noch etwas Wasser dazugeben.

MAGIC SALAD

Orangensaft und Paprika machen diesen Salat zu einer absoluten Vitamin-C-Bombe. Sauerkraut tut dank der Milchsäurebakterien der Darmmikrobiota gut. Senf beugt Sodbrennen vor. Und Leindotteröl liefert wertvolle Omega-3-Fettsäuren.

ZUBEREITUNGSZEIT: *10 Min.*
PRO PORTION: *275 kcal, 10 g E, 20 g F, 11 g KH, 6 g BS*

FÜR 2 PORTIONEN
150 g Blattsalatmix der Saison
50 g Sauerkraut
1 rote Paprika
2 EL Orangensaft
1–2 TL Senf
½ TL Honig
1 EL Leindotteröl
30 g Sesamsamen
30 g Kürbiskerne

1 **Den Salat waschen**, putzen und trocken schleudern. Das Sauerkraut abtropfen lassen, den Saft auffangen. Die Paprika waschen, halbieren, weiße Trennwände und Kerne entfernen und das Fruchtfleisch in Würfel schneiden.

2 **Für das Dressing** Orangensaft, 1 EL Sauerkrautsaft, Senf, Honig und Leindotteröl verrühren. Blattsalat, Sauerkraut, Paprika und das Dressing mischen.

3 **Sesam und Kerne** in einer beschichteten Pfanne ohne Fett kürz anrösten, auf den Salat streuen.

VARIANTE:

Statt Kernmix etwa 80 g Streifen von magerem Fleisch oder 50 g Tofuwürfel mit 2 EL Sesamsamen und Sojasauce würzen und in Rapsöl knusprig braten.

INFO:

Schwarzkümmel ist reich an Folsäure, Eisen, Zink und gesunden Fetten.

HIRSOTTO MIT SCHWARZKÜMMEL

ZUBEREITUNGSZEIT: *20 Min.*
PRO PORTION: *ca. 435 kcal, 18 g E, 14 g F, 58 g KH, 13 g BS*

FÜR 1 PORTION
1 rote Paprika
1 EL Rapsöl
40 g Hirse
40 g rote Linsen
150 ml Gemüsebrühe
40 g Rucola
1 TL Schwarzkümmelsamen
Jodsalz, Pfeffer

Linsen und Hirse sind reich an Eisen und Ballaststoffen. Ballaststoffe kurbeln deine Darmtätigkeit an und beugen so Verstopfung vor. Das Vitamin C in der Paprika führt zu einer besseren Eisenaufnahme.

1 **Die Paprika waschen**, halbieren, weiße Trennwände und Kerne entfernen und in kleine Würfel schneiden. In Öl andünsten. Die Hirse und die Linsen dazugeben, mit der Gemüsebrühe aufgießen, aufkochen und für ca. 12 Min. köcheln lassen.

2 **Inzwischen** Rucola waschen und grob hacken. Rucola und Schwarzkümmel zum Hirsotto geben. Mit Salz und Pfeffer abschmecken.

MÖHREN-KARTOFFEL-STAMPF MIT EI

ZUBEREITUNGSZEIT: *15 Min.*
PRO PORTION: *ca. 335 kcal, 13 g E, 16 g F, 35 g KH, 8 g BS*

FÜR 1 PORTION
200 g mehligkochende Kartoffeln
150 g Möhren
Jodsalz, Pfeffer
1 Ei
1 TL Butter
3–4 EL Milch
frisch geriebene Muskatnuss
Schnittlauchröllchen (nach Belieben)

VARIANTE:

Schmeckt auch mit Kürbis, Süßkartoffeln, Brokkoli, Kohlrabi, Rote Bete, Sellerie, Blumenkohl oder Erbsen. Oder mit Kartoffeln pur.

Kartoffeln wirken basenbildend und tun gut bei Sodbrennen. Karotten beruhigen den Darm. Das Ei steuert Eisen und Eiweiß bei.

1 **Die Kartoffeln** und die Möhren waschen, schälen und in kleine Würfel schneiden. Mit knapp 100 ml Wasser, etwas Salz und Pfeffer zum Kochen bringen. Zugedeckt in ca. 15 Min. weich kochen. Das Ei in kochendem Wasser in ca. 6 Min. kernweich kochen, mit kaltem Wasser abschrecken.

2 **Wenn Kartoffeln** und Möhren weich sind, mit einem Stampfer zermusen, dabei die Butter und so viel Milch dazugeben, bis die gewünschte Konsistenz erreicht ist. Erhitzen und mit Muskat abschmecken. Mit dem gepellten, halbierten Ei und nach Belieben Schnittlauchröllchen genießen.

DER SECHSTE MONAT

Dein Baby erlebt einen großen Wachstumsschub. Zu Beginn des 6. Monats ist es um die 26 Zentimeter groß und wiegt 375 Gramm. Bis zum Monatsende wächst es über 5 Zentimeter und sein Gewicht verdoppelt sich auf 700 Gramm. Dein Baby beginnt einen ersten Schlaf-Wach-Rhythmus zu entwickeln. Sein zentrales Nervensystem ist schon so weit gereift, dass es die Welt außerhalb des Bauchs miterlebt. Die Augenlider öffnen sich und es beginnt zu träumen. Die Geschmacksknospen reagieren schon jetzt auf die verschiedenen Aromen deiner Lebensmittelauswahl. Denn es trinkt kleine Schlückchen vom Fruchtwasser – und das schmeckt nach deinem Speisezettel.

Was ich jetzt brauche

Dein Bauch und deine Brüste sind inzwischen ziemlich gewachsen, auch deine Gebärmutter hat sich fast auf das 30-fache vergrößert. Das kann auf die Blase drücken, deshalb sind Beckenbodentraining und Slipeinlagen eine gute Idee. Auch aus der Brust kann schon etwas Vormilch tropfen, aber hierfür gibt es Einlagen für den BH, sogenannte Stilleinlagen. Das wachsende Gewicht deines Kindes macht längeres Stehen unangenehm: Leg häufig die Füße hoch, mach kalt-warme Wechselduschen und greif zu Stützstrümpfen.

STARKES BINDEGEWEBE

Jetzt können sich Schwangerschaftsstreifen entwickeln, feine Risse in der Unterhaut an Brust und Bauch. Von außen helfen sanfte Massagen und stützende Kleidung. Von innen hilft Vitamin C, Niacin, Kieselsäure, Zink und Eiweiß.

WIE WIRKT ZINK?

Zink ist ein Spurenelement, das sich zu zwei Dritteln im Muskel und zu einem Drittel im Skelett deines Körpers befindet, es wird jedoch nirgends gespeichert, deshalb musst du es regelmäßig mit der Nahrung aufnehmen. Es ist hauptsächlich an Proteine gebunden.
Gerade in der Schwangerschaft ist Zink für das Wachstum der Zellen, den Stoffwechsel von Eiweiß, Fett und Kohlenhydraten, das Immunsystem, die Denkleistung sowie die Nervenfunktion deines Kindes unentbehrlich. Dein Körper benötigt Zink für die Bildung von Plazenta und Fruchtwasser. Die DGE fordert eine zusätzliche Versorgung mit Zink von 100 mg pro Tag – das entspricht einem Plus von 43 Prozent.

JETZT IST ZINK WICHTIG

WO IST ES DRIN?

Zu beachten für eine ausreichende Zinkversorgung ist die tägliche Aufnahme von Phytat, einem sekundären Pflanzenstoff. Phytat ist vor allem in Vollkorngetreide und Hülsenfrüchten enthalten und führt zu einer schlechteren Aufnahme von Zink. Gesenkt wird Phytat durch die Sauerteiggärung des Teigs vor dem Backen, das Einweichen von Müsli oder Hülsenfrüchten sowie durch Keimen und Rösten. Zitronensäure aus Obst verbessert ebenfalls die Aufnahme von Zink. Wenn du dich vegetarisch ernährst, solltest du vermehrt auf zinkreiche Lebensmittel achten. Am besten wird Zink allerdings aus Lebensmitteln tierischer Herkunft aufgenommen.

Es ist enthalten in:

- Milchprodukten, vor allem Hartkäse wie Emmentaler, Parmesan oder Bergkäse
- Eiern
- Garnelen und Krabben
- Wild, Rind- und Schweinefleisch, Geflügel
- Vollkorngetreide (Vollkornmehl), Haferprodukten wie Haferflocken oder Haferkleie, Weizenkleie, Roggen, Grünkern, Hirse, Amarant, Buchweizen und Quinoa, Graupen
- Kürbiskernen, Leinsamen, Pinienkernen, Sesam, Sonnenblumenkernen, Pecannüssen, Cashewnüssen, Erdnüssen
- Obst und Gemüse enthalten wenig Zink, Kräuter sind relativ zinkreich, das fällt aber kaum ins Gewicht

KÜRBISKERNPESTO

VARIANTE:

Statt Kürbiskernen kannst du auch Walnüsse, Sesam oder Mandeln nehmen.

ZUBEREITUNGSZEIT: *10 Min.*
PRO PORTION: *ca. 90 kcal, 3 g E, 8 g F, 1 g KH, 1 g BS*

FÜR 6 PORTIONEN
60 g Feldsalat
60 g Kürbiskerne
2 EL Rapsöl
Jodsalz, Pfeffer

Kürbiskerne sind reich an Zink, Feldsalat ebenfalls – und außerdem an Folsäure und Vitamin C. Ein guter Mix, der auch als Brotaufstrich schmeckt.

1 **Den Salat waschen** und gut abtropfen lassen. Die Kürbiskerne in einer Pfanne ohne Fett rösten, bis sie duften.

2 **Salat, Kürbiskerne und Öl** in einen Mixer geben und zu einer glatten Masse pürieren. Mit Salz und Pfeffer abschmecken. In einem Schraubglas im Kühlschrank lagern. Bleibt bis zu 6 Tage frisch.

FRISCHKÄSE-PILZ-GLÜCK

ZUBEREITUNGSZEIT: *20 Min.*
PRO PORTION: *ca. 90 kcal, 3 g E, 8 g F, 1 g KH, 1 g BS*

FÜR 6 PORTIONEN
10 g getrocknete Shiitake (Pilze)
100 g Pilze (z. B. Kräuterseitlinge, Champignons)
1 Frühlingszwiebel
1 EL Rapsöl
80 g Frischkäse
Jodsalz, Pfeffer

VARIANTE:

Klappt auch nur mit getrockneten Pilzen: dann 50 g nehmen. Pfifferlinge und Steinpilze sind ebenfalls reich an Zink.

Shiitake sind nicht nur sehr reich an Zink, sondern auch an Eisen und B-Vitaminen. In getrockneten Pilzen ist der Mineralstoffgehalt besonders hoch.

1 **Die getrockneten Pilze** waschen und kurz in 80 ml lauwarmem Wasser einweichen. Abgießen, das Einweichwasser auffangen. Die frischen Pilze putzen und in dünne Scheiben schneiden. Frühlingszwiebel waschen, putzen und in dünne Ringe schneiden. Dabei Weißes von Grünem trennen.

2 **Das Öl** in einer Pfanne erhitzen. Die weißen Zwiebelringe mit den frischen und den getrockneten Pilzen darin ca. 10 Min. anbraten, bis sie braun und trocken sind. Mit Einweichwasser und Frischkäse im Blitzhacker pürieren. Mit grünen Zwiebelringen, Salz und Pfeffer abschmecken. Bleibt im Kühlschrank ca. 6 Tage frisch.

HÜHNERBRÜHE

Die wohltuende Wirkung von Hühnerbrühe bei Erkältung und Grippe ist legendär und durch Studien belegt. Darüber hinaus enthält Hühnerfleisch viel Zink. Am besten auf Vorrat kochen und einfrieren.

ZUBEREITUNGSZEIT: *1 Std. 20 Min.*
PRO PORTION: *ca. 15 kcal, 1 g E, 1 g F, 0 g KH, 0 g BS*

FÜR CA. 2 L (6 PORTIONEN)
1 kg Hühnerklein
1 Bund Suppengemüse (Lauch, Möhren, Sellerie, Petersilie)
1 Bund frische Petersilie (ca. 30 g)
2 Lorbeerblätter
1–2 EL Apfelessig
schwarze Pfefferkörner
Jodsalz

TIPP:
Im Schnellkochtopf auf Stufe 2 ist die Brühe in 15 Min. fertig.

1 **Hühnerklein** abbrausen. Lauch putzen, gründlich waschen und in breite Ringe schneiden. Übriges Suppengemüse waschen, putzen, bei Bedarf schälen und grob zerteilen. Petersilie waschen, trocken schütteln, die Stiele mit einem Faden zusammen binden. Blättchen extra fein hacken.

2 **Das Hühnerklein**, das Suppengemüse und alle übrigen Zutaten bis auf die Petersilienblättchen in einen großen Topf füllen. 2,5 l Wasser dazugießen und langsam zum Kochen bringen. Den Schaum abschöpfen. Ca. 1 Std. leise köcheln lassen.

3 **Die Brühe absieben** und mit Salz und der gehackten Petersilie abschmecken.

VARIANTE:

Statt Roter Bete passen auch vorgegarte Süßkartoffeln, Kürbis, Pastinaken oder Sellerie.

KÄSESOUFFLÉ AUF GEMÜSE

ZUBEREITUNGSZEIT: *30 Min.*
BACKZEIT: *20 Min.*
PRO PORTION: *ca. 610 kcal, 38 g E, 28 g F, 48 g KH, 2 g BS*

FÜR 1 AUFLAUFFORM (20 × 25 CM; 2 PORTIONEN)
400 g Rote Bete (vorgegart und vakuumiert)
1 kleine Bio-Orange
3 Stängel Petersilie
20 g Sonnenblumenkerne
Jodsalz, Pfeffer
2 Eier
70 g Parmesan
150 g Skyr
40 g Pop-Amarant
frisch geriebene Muskatnuss
Öl für die Form

Hartkäse, Sonnenblumenkerne und Hirse sind sehr reich an Zink, Eigelb ebenfalls.

1 **Rote Beten** in Würfel schneiden. Orange waschen und abtrocknen. Die Schale abreiben. Die Frucht bis aufs Fruchtfleisch schälen. Das Fruchtfleisch in kleine Stückchen schneiden. Petersilie waschen, trocken schütteln und hacken. Eine Auflaufform fetten. Rote Beten, Orangenstückchen und -schale, Petersilie und Sonnenblumenkerne einschichten. Salzen und pfeffern.

2 **Backofen auf 200°** vorheizen. Eier trennen. Parmesan reiben. Eigelbe mit Skyr, Parmesan, Amarant, Salz, Pfeffer und Muskat cremig rühren. Eiweiße steif schlagen und unterziehen. Auf dem Gemüse verteilen und im Ofen (Mitte) 20 Min. backen.

GRÜNKERNPIZZA MIT BERGKÄSE

ZUBEREITUNGSZEIT: *15 Min.*
BACKZEIT: *20 Min.*
PRO PORTION: *ca. 430 kcal, 20 g E, 19 g F, 44 g KH, 7 g BS*

FÜR 4 PORTIONEN
200 g Grünkernschrot
50 g rote Linsen
½ TL Knoblauchpulver
3 TL Currypulver
500 ml Gemüsebrühe
250 g Zucchini
1–2 rote Paprika
3 EL Olivenöl
Jodsalz, Pfeffer
120 g Bergkäse

TIPP:

Pizza in kleine Stücke teilen und einfrieren. Lässt sich einfach auftauen.

Grünkern enthält viel Eisen und schmeckt sehr würzig. Linsen und Bergkäse sind zinkreich. Das Gemüse sorgt für Vitamin C.

1 **Grünkern, Linsen und Gewürze** mit der Gemüsebrühe aufkochen und bei kleiner Hitze 10 Min. quellen lassen. Den Backofen auf 200° vorheizen. Zucchini waschen und in fingerdicke Scheiben schneiden. Paprika waschen, halbieren, weiße Trennwände und Kerne entfernen und in Streifen schneiden. Mit 2 EL Olivenöl, Salz und Pfeffer mischen. Den Bergkäse fein reiben.

2 **Ein Backblech** mit Backpapier auslegen, die Grünkernmasse glatt darauf verstreichen, mit übrigem Öl bestreichen und mit dem Gemüse belegen. Käse darüberstreuen. Pizza im Ofen (oben) 20 Min. backen.

EMPANADAS

Vollkorn enthält jede Menge Zink, Vitamin C aus dem Sauerkraut fördert die Aufnahme. Der Teig wird gebrüht und lässt sich dadurch ganz einfach formen, solange er noch feucht und warm ist.

ZUBEREITUNGSZEIT: *45 Min.*
BACKZEIT: *30 Min.*
PRO PORTION: *ca. 330 kcal, 11 g E, 18 g F, 29 g KH, 5 g BS*

FÜR 8 PORTIONEN

80 g Rapsöl
Jodsalz
340 g Vollkorn-Dinkelmehl
1 kleiner Apfel
200 g Sauerkraut
100 g alter Bergkäse
Pfeffer
Kümmel
3–4 EL Sojacreme
3 EL Sonnenblumenkerne

VARIANTE:

Statt Bergkäse schmeckt auch Feta. Wer mag, kann Schinkenwürfel dazugeben.

1 **Das Rapsöl** mit 180 ml Wasser und Salz aufkochen. Das Mehl dazugeben und alles zu einem Kloß verrühren. Etwas abkühlen lassen, dann rasch glatt kneten und in Frischhaltefolie wickeln.

2 **Inzwischen den Apfel** waschen und mit Schale grob raspeln. Das Sauerkraut hacken. Den Bergkäse fein reiben. Apfel, Sauerkraut und Käse mischen und mit Pfeffer und Kümmel würzen.

3 **Ein Backblech** mit Backpapier auslegen. Den Backofen auf 200° vorheizen. Den Teig in acht Portionen teilen. Eine Portion flach drücken oder ausrollen, ein Achtel Füllung auf eine Hälfte des Teiges geben und die zweite Hälfte darüberklappen. Den Rand leicht andrücken und aufs Blech setzen. Die übrigen Teigportionen immer wieder mit Folie abdecken.

4 **Die Taschen** mit Sojacreme bestreichen und mit Sonnenblumenkernen bestreuen. Im Ofen (Mitte) ca. 30 Min. backen.

VARIANTE:

Statt Mango kannst du auch Pfirsiche oder Melone nehmen.

SCHOKO-MANGO-DESSERT

ZUBEREITUNGSZEIT: *30 Min.*
PRO PORTION: *ca. 260 kcal, 6 g E, 6 g F, 44 g KH, 4 g BS*

FÜR 4 PORTIONEN

100 g Hirse
1 EL Kakaopulver
20 g Rosinen
400 ml Pflanzendrink (z. B. Haferdrink, Mandeldrink)
1 reife Mango (275 g Fruchtfleisch)
1 EL Honig
300 g Joghurt

Hirse und Kakao sind beide reich an Zink, Eisen und Magnesium. Das Trifle lässt sich prima zur Arbeit mitnehmen.

1 **Die Hirse** mit dem Kakaopulver und den Rosinen mischen und in Pflanzenmilch ca. 15 Min. kochen. Abkühlen lassen, dann mit dem Pürierstab cremig mixen.

2 **Die Mango schälen** und das Fruchtfleisch vom Stein schneiden. Eine Hälfte klein würfeln, die andere Hälfte mit dem Honig pürieren. Die Mangowürfel mit dem Joghurt mischen.

3 **Schokohirse, Mangopüree** und Joghurt abwechselnd in vier Gläser einschichten.

GUGELHUPF MIT TRAUBENQUARK

ZUBEREITUNGSZEIT: *40 Min.*
BACKZEIT: *40 Min.*
PRO PORTION: *ca. 300 kcal, 11 g E, 11 g F, 39 g KH, 2 g BS*

FÜR 1 GUGELHUPFFORM (INHALT 1,3 L; 8 PORTIONEN)
220 g Hirse
350 ml hellen Traubensaft
1 Stück Vanilleschote (3 cm lang)
Jodsalz
400 g rote kernlose Trauben
3 Eier
2 EL Rapsöl
300 g Magerquark
50 ml Sahne
1 EL Honig
Hirse und Fett für die Form

TIPP:
Wer es nicht crunchy mag, streut die Form mit Semmelbröseln aus.

Hirse sorgt für Zink und Kieselsäure, Trauben für gesunde Süße und Quark und Ei für Eiweiß: So wohltuend kann Süßes sein.

1 **Hirse** mit 350 ml Traubensaft, Vanilleschote und 1 Prise Salz aufkochen und 15 Min. köcheln lassen. Backofen auf 180° vorheizen. Trauben waschen. Eier trennen. Eigelbe mit 2 EL Öl schaumig rühren und mit 250 g Trauben unter die Hirse ziehen. Eiweiße steif schlagen und unterheben.

2 **Die Form fetten** und mit Hirse ausstreuen. Die Masse einfüllen und im Ofen (unten) ca. 40 Min. backen. Erst auskühlen lassen, dann stürzen. Für die Sauce den Quark mit Sahne und Honig verrühren. Die übrigen 150 g Trauben klein schneiden und unter die Quarkcreme ziehen.

DER SIEBTE MONAT

Dein Baby ist jetzt so groß wie eine Kokosnuss. Von heute auf morgen kannst du auf einmal deine Schuhe nicht mehr selber zubinden. Grund dafür ist natürlich dein Baby, das jetzt ziemlich deutlich und schnell an Gewicht zunimmt, täglich ca. 85 Gramm. Auch die Gehirnmasse deines Babys wächst, seine Gehirnentwicklung schreitet voran. Deshalb ist jetzt besonders Jod wichtig. Dieser Mineralstoff ist für eine normale Gehirnentwicklung und ein gesundes Wachstum entscheidend. Mittlerweile funktionieren alle Sinnesorgane und dein Baby ist recht lebhaft, da es auf Geräusche von außen reagiert. Sollte dein Baby jetzt schon zur Welt kommen, hätte es gute Überlebenschancen.

Was ich jetzt brauche

Du bist wahrscheinlich ausgeglichen wie nie. Trotzdem brauchst du Hilfe im Alltag. Genieße die Unterstützung, die du von deiner Umgebung bekommst und nimm Hilfe an. Wenn sie dir in deiner Familie, am Arbeitsplatz, im Freundeskreis fehlt, fordere sie fröhlich ein. Vielleicht fühlen sich die anderen verunsichert durch deinen Zustand. Beziehe sie ein in deine Gefühle, mache klar, dass sie weiter wichtig für dich sind, dann sind sie mit im Boot. Teile deine Vorfreude, so kann sie wachsen. Verabrede dich zu Sport und Spaziergang. Bewegung tut dir jetzt besonders gut.

LÄSTIGE KRÄMPFE

Manchmal ist zu wenig Magnesium oder Kalzium die Ursache für Wadenkrämpfe. Leichte Spannungen im Unterleib können durch die Dehnung der Mutterbänder entstehen. Da helfen Ruhe und warme Wickel. Bei stärkerem Ziehen den Arzt konsultieren.

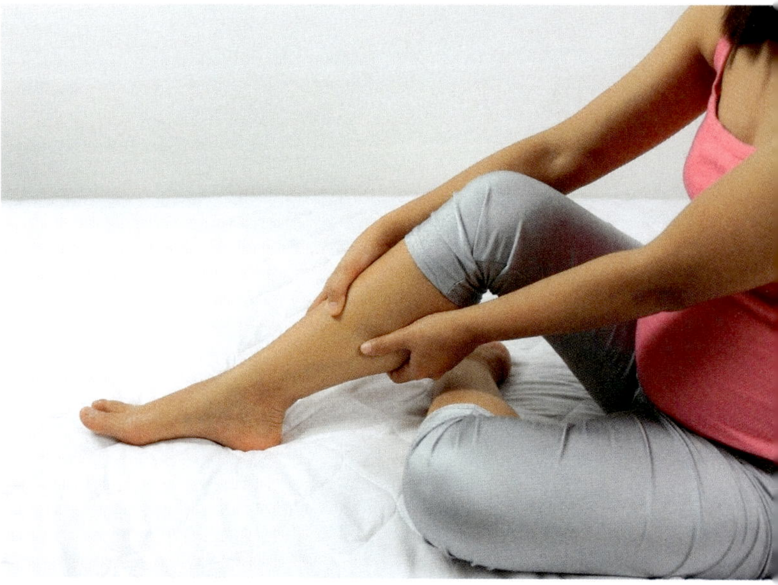

WIE WIRKT JOD?

Wir brauchen Jod für Wachstumsprozesse, die Entwicklung des Nervensystems und damit des Gehirns. Über die Schilddrüse und die Schilddrüsenhormone reguliert Jod den Stoffwechsel und das Herz-Kreislauf-System. Bei einem Mangel wächst die Schilddrüse zum Kropf. In der Schwangerschaft bestimmt die Jodversorgung der Mutter die Versorgung des Babys. Wie du sicherlich schon bemerkt hast, musst du deutlich öfter auf die Toilette als sonst. Dies liegt an der vermehrten Durchblutung der Niere. Durch die erhöhte Urinausscheidung geht gleichzeitig Jod verloren. Auch die Produktion an Schilddrüsenhormonen ist gestiegen. Gleichzeitig leben wir in einem Jodmangelgebiet und die Versorgung ist ohnehin knapp. So werden viele Babys schon mit Jodmangel und einer Anlage zum Kropf geboren. Das kannst du verhindern!

JETZT IST JOD WICHTIG

WO IST JOD ENTHALTEN?

Die meisten unserer täglichen Lebensmittel sind in Europa von Natur aus jodarm, da die Böden wenig Jod enthalten. So können Pflanzen und Tiere nur wenig Jod aufnehmen, was dazu führt, dass der natürliche Jodgehalt von Milch und Milchprodukten, Getreide und Gemüse gering ausfällt. Deutschland zählt aus diesem Grund zu den Jodmangelgebieten. Deshalb ist bei uns jodiertes Speisesalz zugelassen und wird von offiziellen Stellen ausdrücklich empfohlen. Aufgrund des hohen Jodgehaltes des Meeres sind Fische und Algen (siehe Glossar auf Seite 152) eine gute Jodquelle.
Jodreiche Lebensmittel sind vor allem:

- Seefisch wie Lachs, Hering, Makrele, Seelachs, Schellfisch und Kabeljau
- Garnelen und Krabben aus dem Meer
- Meeresalgen; Vorsicht: der Jodgehalt kann zu hoch sein!
- Jodiertes Speisesalz
- Milch und Milchprodukte, weil in der Tierfütterung Jodzusätze verabreicht werden

Trotzdem wird das nicht reichen, den erhöhten Jodbedarf zu decken. Empfohlen wird von der DGE deshalb eine Supplementierung von 100 bis 150 µg Jodid pro Tag – dein Arzt wird dir ein entsprechendes Präparat verschreiben. Bei dieser Dosierung sind keine Unverträglichkeiten oder andere negative Folgen zu befürchten. Wer eine Schilddrüsenerkrankung, vor allem eine ausgeprägte Überfunktion, hat, sollte mit seinem Arzt sprechen.

TIPP:

Milder wird es mit 1 EL Carobpulver statt Kakao.

BANANEN-SCHOKO-PORRIDGE

ZUBEREITUNGSZEIT: *15 Min.*
PRO PORTION: *ca. 375 kcal, 14 g E, 13 g F, 47 g KH, 6 g BS*

FÜR 1 PORTION
1 kleine reife Banane (ca. 70 g)
30 g Feinblatt-Haferflocken
10 g Haferkleie mit Keim
180 ml Milch
1 TL Kakaopulver
1 TL Kakao-Nibs

Kakao, Haferkleie und Banane sind tolle Magnesiumlieferanten und beugen Muskelkrämpfen vor, die jetzt auftreten können.

1 **Die Banane halbieren**. Eine Hälfte mit einer Gabel zerdrücken, die andere Hälfte in Scheiben schneiden.

2 **Die Haferflocken und die Haferkleie** mit der Milch in einem kleinen Kochtopf unter Rühren zum Kochen bringen. Wenn das Porridge beginnt einzudicken, den Bananenbrei und das Kakaopulver unterrühren.

3 **Das Porridge** in eine Schale füllen und mit den Kakao-Nibs und den Bananenstückchen mischen.

FRÜCHTEMÜSLI

ZUBEREITUNGSZEIT: *15 Min.*
PRO PORTION: *ca. 155 kcal, 5 g E, 3 g F, 25 g KH, 6 g BS*

FÜR CA. 15 PORTIONEN
100 g getrocknete Bananenchips
50 g Mandeln
100 g Soft-Datteln
100 g Rosinen
150 g Pop-Quinoa
100 g Weizenkleie
100 g Großblatt-Haferflocken
1 TL Ceylon-Zimtpulver

TIPP:

Bei Schwangerschaftsdiabetes sind Müslis ohne Trockenfrüchte wie das Knuspermüsli von Seite 86 besser geeignet.

Dieses magnesiumreiche Müsli hilft garantiert gegen Muskelkrämpfe und liefert leicht verdauliche und schnelle Energie für einen guten Start in den Tag!

1 **Die Bananenchips** und die Mandeln grob hacken. Die Datteln ohne Stein in Stücke schneiden.

2 **Die Trockenfrüchte** zusammen mit den Mandeln, dem Pop-Quinoa, der Weizenkleie und den Haferflocken in eine große Schüssel geben. Das Zimtpulver darüberstreuen und alles gründlich vermischen.

3 **Früchtemüsli** in ein Vorratsglas füllen und gut verschließen. Kühl und trocken lagern.

4 **Für 1 Portion** 45 g Müslimix mit 150 ml Milch mischen.

GURKENSALAT MIT AVOCADO

ZUBEREITUNGSZEIT: *10 Min.*
PRO PORTION: *ca. 205 kcal, 2 g E, 20 g F, 3 g KH, 5 g BS*

FÜR 2 PORTIONEN
1 kleine Avocado
1 EL Limettensaft
150 g Salatgurke
1 Stück Ingwer (1,5 cm lang)
1 TL Essig
1 TL Rapsöl
Jodsalz
1 TL Noriflocken

Gurke erfrischt, Avocado liefert gesunde Fette und Ingwer die Schärfe. Nori versorgt in garantiert unbedenklichen Mengen mit Jod und schmeckt angenehm würzig.

1 **Die Avocado halbieren**, schälen, den Kern entfernen, das Fruchtfleisch in kleine Würfel schneiden und mit Limettensaft mischen. Die Gurke waschen und in feine Streifen hobeln. Ingwer schälen und fein reiben.

2 **Essig, Rapsöl und Ingwer** in einer kleinen Schüssel vermischen. Avocadowürfel und die Gurkenstreifen unterheben. Mit Salz abschmecken und mit Noriflocken bestreuen.

KÜRBISSALAT MIT GETROCKNETEN TOMATEN

ZUBEREITUNGSZEIT: *30 Min.*
BACKZEIT: *20 Min.*
PRO PORTION: *ca. 185 kcal, 7 g E, 6 g F, 29 g KH, 2 g BS*

FÜR 2 PORTIONEN
400 g Hokkaido-Kürbis
3–4 getrocknete Tomaten in Öl (ca. 20 g)
2 EL Kürbiskerne
Jodsalz, Pfeffer
100 g Feldsalat
2 EL Aceto balsamico bianco
1 TL Noriflocken

VARIANTE:

Zum jodreichen Sattmacher wird der Salat mit 200 g gedünsteten Lachswürfeln.

Geröstetes Nori schmeckt würzig und hat keinen überhöhten Jodgehalt. Kürbis, Kerne und Tomaten sorgen für Carotinoide, Feldsalat für Vitamin C und Folsäure.

1 **Backofen auf 180°** vorheizen. Kürbis waschen, Kerne und Fasern entfernen und das Fruchtfleisch erst in Spalten und dann in Würfel schneiden. In einer Schüssel mit 1 EL Tomatenöl, den Kürbiskernen, Salz und Pfeffer mischen und auf einem mit Backpapier belegten Backblech verteilen. Im Ofen (Mitte) ca. 20 Min. garen.

2 **Den Feldsalat putzen**, waschen und trocken schütteln. Tomaten abtropfen und fein hacken. Lauwarme Kürbiswürfel, Tomaten und Feldsalat mit Balsamico, Salz und Pfeffer würzen und mit Nori bestreuen.

CURRY-KAROTTEN-SUPPE MIT GARNELEN

ZUBEREITUNGSZEIT: *25 Min.*
PRO PORTION: *ca. 335 kcal, 20 g E, 22 g F, 17 g KH, 8 g BS*

FÜR 2 PORTIONEN
1 kleine Zwiebel
300 g Möhren
1 Stück Ingwer (2 cm lang)
50 g geröstete Erdnüsse
3 TL Currypulver
1 EL Rapsöl
100 g kleine Garnelen (Kühltheke)
50 ml Orangensaft
Jodsalz, Pfeffer
1 EL Schmand

VARIANTE:
Wer keine Erdnüsse verträgt, kann stattdessen Walnusskerne verwenden.

Garnelen und Erdnüsse liefern viel Jod. Betacarotin aus den Möhren zusammen mit dem Vitamin E der Erdnüsse wirkt zellschützend.

1 **Zwiebel schälen** und fein hacken. Möhren waschen, schälen und raspeln. Ingwer schälen und fein hacken. Erdnüsse grob hacken.

2 **Zwiebeln, Möhren, Ingwer** und Currypulver im Öl kräftig anbraten. Mit 250 ml Wasser ablöschen, die Hälfte der Erdnüsse dazugeben und in 15 Min. weich garen.

3 **Inzwischen** die Garnelen im Orangensaft marinieren. Die Suppe fein pürieren, bei Bedarf noch Wasser dazugießen. Mit Salz, Pfeffer und Schmand abschmecken. Mit gerösteten Nüssen und Garnelen toppen.

MISOSUPPE MIT SPINAT

ZUBEREITUNGSZEIT: *30 Min.*
PRO PORTION: *ca. 425 kcal, 47 g E, 13 g F, 15 g KH, 2 g BS*

FÜR 2 PORTIONEN
10 g getrocknete Shiitake (Pilze)
100 g Baby-Blattspinat
½ Bund Schnittlauch
2 TL Misopaste
1 TL Sojasauce
150 g Sojanudeln
150 g Seefischfilet (Scholle, Heilbutt oder Schellfisch)

VARIANTE:

Statt Fisch kannst du auch 1–2 verquirlte Eier in der Suppe aufkochen.

Miso ist mild und fördert die Darmmikrobiota. Es enthält B-Vitamine und Mineralstoffe. Fisch steuert Jod und Eiweiß bei.

1 **Die getrockneten Pilze** gründlich in einem Sieb waschen und 20 Min. in lauwarmem Wasser einweichen. Den Spinat waschen, putzen. Größere Blätter in Streifen schneiden. Schnittlauch waschen, trocken schütteln und in Röllchen schneiden.

2 **Die Pilze** abgießen und ausdrücken, 3 EL Einweichwasser auffangen. Die Misopaste darin auflösen. 0,5 l Wasser zum Kochen bringen, Miso und Sojasauce hinzufügen und die Nudeln darin nach Packungsanweisung garen. Das Fischfilet in mundgerechte Stücke teilen. Die eingeweichten Pilze in sehr feine Streifen schneiden. Beides in die Brühe geben, kurz aufkochen lassen. Spinat und Schnittlauch unterrühren.

PÄCKCHENFISCH

ZUBEREITUNGSZEIT: *10 Min.*
BACKZEIT: *30 Min.*
PRO PORTION: *ca. 335 kcal, 36 g E, 11 g F, 22 g KH, 10 g BS*

FÜR 2 PORTIONEN
300 g TK-Erbsen
1 Bund Frühlingszwiebeln
250 g Seelachs
Jodsalz, Pfeffer
1 EL Pesto
1–2 EL Olivenöl

Seefisch hat einen hohen Gehalt an Jod und Eiweiß, der hier durch ballaststoff- und eiweißreiche Erbsen ergänzt wird.

1 **Die Erbsen** antauen lassen. Frühlingszwiebeln waschen, putzen und mit dem Grün in feine Ringe schneiden.

2 **Den Backofen** auf 160° vorheizen. Das Fischfilet auf beiden Seiten salzen und pfeffern und mit Pesto bestreichen.

3 **Ein großes Stück** Backpapier mit 1 EL Olivenöl einölen. Die Hälfte der Erbsen und die Zwiebeln darauf verteilen, würzen, den Kräuterfisch daraufsetzen, mit übrigem Gemüse bedecken und mit übrigem Olivenöl beträufeln. Päckchen schließen. Im Ofen (Mitte) 30 Min. garen, erst am Tisch auspacken. Dazu passen Stampfkartoffeln.

FISCHFILET MIT GRÜNKOHL

ZUBEREITUNGSZEIT: *20 Min.*
PRO PORTION: *ca. 255 kcal, 33 g E, 9 g F, 9 g KH, 8 g BS*

FÜR 2 PORTIONEN
1 Zwiebel
1 EL Rapsöl
300 g TK-Grünkohl
Jodsalz, Pfeffer
1 EL Haferflocken
300 g Kabeljaufilet
1 EL Schmand

VARIANTE:
Frischen Grünkohl waschen, putzen, klein schneiden, mit Zwiebeln ca. 20 Min. vorgaren.

Seefisch liefert reichlich Jod, so auch Kabeljau. Er hat einen vergleichsweise hohen Anteil der Spurenelemente Fluor, Selen und Jod. Diese Inhaltsstoffe unterstützen das Immunsystem und den Stoffwechsel. Grünkohl ist ebenfalls reich an Jod und Magnesium.

1 **Zwiebel schälen** und fein würfeln, im Öl anbraten. Dann den Grünkohl und 250 ml Wasser hinzufügen und bei schwacher Hitze ca. 10 Min. auftauen lassen, salzen und pfeffern.

2 **Die Haferflocken** zum Grünkohl geben und mit Schmand abschmecken. Den Fisch in die Sauce legen und bei schwacher Hitze in ca. 10–15 Min. gar ziehen lassen. Dazu passt Kartoffelpüree.

VARIANTE:

Statt Grünkohl passt auch Wirsing. Diesen ohne Blattrippen in Streifen schneiden und mit Öl, Kräutern und etwas Salz vermischen.

GRÜNKOHLCHIPS

ZUBEREITUNGSZEIT: *10 Min.*
BACKZEIT: *15 Min.*
PRO PORTION: *ca. 40 kcal, 2 g E, 3 g F, 1 g KH, 2 g BS*

FÜR 6 PORTIONEN

250 g Grünkohl
2 EL Rapsöl
1 TL getrockneter Rosmarin
Jodsalz
1 TL Zitronensaft

Schnell zubereitet und ideal als Snack für Zwischendurch oder gemütlich auf dem Sofa. Grünkohl enthält Jod, das Mama und Baby dringend brauchen.

1 **Den Backofen** auf 150° (Umluft) vorheizen. Grünkohl waschen, Blätter abzupfen, gründlich trocknen. Dann mit dem Öl, Rosmarin, etwas Salz und Zitronensaft in einer Schüssel vermischen.

2 **Zwei Backbleche** mit Backpapier auslegen, die Grünkohlblätter darauf verteilen und im Ofen (Mitte) ca. 15 Min. knusprig backen. Nach 7 Min. die Bleche einmal tauschen und die Blätter wenden.

ERDNUSSTALER

ZUBEREITUNGSZEIT: *10 Min.*
RUHEZEIT: *1 Std.*
BACKZEIT: *15 Min.*
PRO STÜCK: *ca. 45 kcal, 2 g E, 3 g F, 3 g KH, 0 g BS*

FÜR CA. 50 STÜCK
50 g Erdnusskerne (gesalzen)
2 EL Sesam
50 g Datteln
50 g Butter
100 g Erdnussmus
1 Ei
15 g Tahin (Sesampaste)
150 g Dinkel-Vollkornmehl
½ TL Jodsalz

TIPP:
Kein Erdnussmus da? Dann 100 g geröstete Erdnüsse im Blitzhacker ganz fein pürieren.

Dank ihrer wertvollen Inhaltsstoffe gelten Erdnüsse als stimmungsaufhellend, nerven- und abwehrstärkend.

1 **Die Erdnüsse** hacken und mit dem Sesam vermischen. Die Datteln grob hacken, mit der Butter, dem Erdnussmus, Ei und Tahin fein pürieren. Das Mehl mit Salz und Erdnuss-Sesam-Mix unter das Püree kneten. 3–4 EL heißes Wasser einarbeiten, bis der Teig nicht mehr krümelt.

2 **Aus dem Teig** zwei Rollen mit 4 cm ∅ formen. Jede Rolle in Frischhaltefolie wickeln und 1 Std. in den Kühlschrank stellen.

3 **Den Backofen** auf 180° (Umluft) vorheizen. Ein Backblech mit Backpapier auslegen. Die Rollen in knapp 1 cm dicke Scheiben schneiden und auf dem Backblech verteilen. Im Ofen (Mitte) 15 Min. backen.

DER ACHTE MONAT

Jetzt sind es nur noch etwa elf Wochen bis zur Geburt. Dein Baby hat jetzt schon die Größe einer Ananas, aber das wird nicht lange so bleiben, denn es nimmt pro Woche ungefähr 200 Gramm Gewicht zu. Es ist sehr aktiv und reagiert auf Geräusche von außen. Doch das bekommst du gar nicht mehr so stark mit, weil der Raum enger wird und es kaum mehr strampeln kann. Es reagiert auch auf hell und dunkel und hat, wenn es wach ist, die Augen auf. Allerdings kann es noch nichts sehen. Bereits jetzt wachsen Haare, Wimpern und Augenbrauen. Eine tolle Leistung: Es erkennt Stimmen und speichert diese im Gedächtnis. So ist ihm deine Stimme nach der Geburt sofort vertraut.

Was ich jetzt brauche

Der Energiebedarf des Babys wächst, es wird immer aktiver. Die Gebärmutter drückt mit großer Kraft auf den Magen-Darm-Trakt: Kein Wunder, wenn du momentan nur kleine Mengen essen kannst. Die sollten dem Baby jetzt alle Bausteine für sein stürmisches Wachstum liefern – vor allem Eiweiß ist wichtig! Kleine Mahlzeiten und gesunde Snacks sind optimal. Fühlst du dich noch fit? Oder wird dir der Alltag beschwerlich? Versuche geduldig zu bleiben: Jede Woche, die dein Baby im Mutterleib bleiben darf, macht es fitter fürs Leben. Und hilft damit am Ende auch dir.

WAS TUN BEI ÖDEMEN?

Jetzt nehmen Ödeme zu. Kläre ab, ob sie behandlungsbedürftig sind. Entlastung schaffen kaltwarme Wechselduschen. Leg deine Beine hoch und massiere sie. Auch Stützstrümpfe helfen. Keine entwässernden Maßnahmen ergreifen, extra salzarm essen oder weniger trinken!

JETZT IST EIWEISS WICHTIG

WIE WIRKT EIWEISS?

Eiweiß besteht aus Aminosäuren. Sie sind Baustein von Muskeln, Organen, Knochen, Haut, Haaren, Enzymen, Hormonen und Abwehrzellen (Antikörper). So spielt Eiweiß auch für unser Immunsystem eine wichtige Rolle. Da gerade jetzt ein kontinuierlicher Transfer von Antikörpern aus dem Blut der Mutter über Plazenta und Nabelschnur erfolgt, ist es wichtig, dass du genügend hochwertiges Eiweiß zu dir nimmst. So wird sichergestellt, dass sich das Immunsystem deines Babys normal entwickeln kann. Dabei ist die biologische Wertigkeit ein Maß für die Qualität. Sie misst, wie gut die enthaltenen Aminosäuren zu unserem Körpereiweiß passen. Am besten schneidet ein Mix aus tierischen und pflanzlichen Eiweißquellen ab. Spitzenreiter sind Kartoffeln mit Ei!

WO IST EIWEISS DRIN?

Ein Lebensmittel darf als Eiweißquelle bezeichnet werden, wenn mindestens 12 Prozent seiner Energie aus Proteinen stammt. Zudem darf ein Lebensmittel die Angabe »hoher Proteingehalt« nur tragen, wenn sein Kaloriengehalt zu mindestens 20 Prozent von Eiweiß herrührt.

Lebensmittel tierischen Ursprungs mit einem hohen Proteingehalt:

- Fleisch, Geflügel, Fisch
- Käse, Quark, Milch und Milchprodukte
- Hühnerei

Lebensmittel pflanzlichen Ursprungs mit einem hohen Proteingehalt:

- Hülsenfrüchte: Sojabohnen, Bohnen, Linsen, Erbsen, Kichererbsen
- Kartoffeln, Pilze
- Getreide (Vollkorn), Pseudogetreide wie Buchweizen, Amarant, Quinoa
- Nüsse und Saaten

Die biologische Wertigkeit bezeichnet wie ähnlich ein Eiweiß unserem Körpereiweiß ist. Ein Mix aus unterschiedlichem Eiweiß ist besonders hochwertig. Zum Beispiel:

- Kartoffeln mit Ei
- Getreide mit Milch wie Müsli und Käsebrot
- Ei und Milch oder Getreide wie Rührei, Pfannkuchen, Käsepätzle
- Fleisch oder Fisch mit Kartoffeln
- Getreide und Hülsenfrüchte wie Falafel oder Hummus mit Fladenbrot

ROSA KEFIR

Der säuerlich-cremige Kefir liefert Eiweiß, Kalzium und wirkt durch wertvolle Milchsäurebakterien probiotisch.

ZUBEREITUNGSZEIT: *5 Min.*
PRO PORTION: *ca. 200 kcal, 11 g E, 6 g F, 26 g KH, 4 g BS*

FÜR 1 PORTION
150 ml Kefir
50 g Skyr
50 g TK-Beerenmischung
2 Soft-Datteln (ca. 20 g)

1 **Kefir, Skyr, TK-Beeren** und die Datteln in einen hohen Rührbecher füllen und mit dem Stabmixer pürieren. In ein Glas umfüllen und genießen.

MILDER DETOX

Melone liefert Vitamin A für gesunde Haut und Haare. Joghurt und Skyr steuern Eiweiß und Kalzium für Knochen und Muskeln bei.

ZUBEREITUNGSZEIT: *5 Min.*
PRO PORTION: *ca. 215 kcal, 11 g E, 5 g F, 31 g KH, 5 g BS*

FÜR 1 PORTION
100 g Cantaloupe-Melone
1 getrocknete Soft-Feige
100 g Joghurt
50 g Skyr
1 TL gemahlene Vanille

1 **Die Melone entkernen**, schälen und in Stücke schneiden. Die Feige grob hacken und mit der Melone, dem Joghurt, Skyr und Vanille in einen hohen Rührbecher füllen und mit dem Stabmixer pürieren. In ein Glas umfüllen und genießen.

VARIANTE:

Schmeckt auch mit jeder anderen Melonenart oder auch mit Pfirsich und Nektarine.

WUNDERDRINK

TIPP:
Das Weiße von Zitrusfrüchten enthält wertvolle Flavonoide: bitte mitessen.

Braunes Mandelmus ist reich an Ballaststoffen, zellschützendem Vitamin E und Magnesium. Toll in Kombination mit Eiweiß und Vitamin C!

ZUBEREITUNGSZEIT: *5 Min.*
PRO PORTION: *ca. 200 kcal, 14 g E, 8 g F, 17 g KH, 3 g BS*

FÜR 1 PORTION
1 Mandarine (ca. 80 g mit Schale)
1 TL Mandelmus
100 g Skyr
50 ml Mandeldrink
1 Prise gemahlene Kurkuma
1 Prise Ceylon-Zimtpulver

1 **Die Mandarine schälen**, weiße Fäden nicht entfernen. Mit Mandelmus, Skyr, Mandeldrink und Gewürzen in einen hohen Rührbecher füllen und mit dem Stabmixer pürieren. In ein Glas umfüllen und genießen.

GRÜNES GLÜCK

TIPP:
Klappt nicht mit Kuhmilch: Die wird bitter, weil Kiwi ein eiweißspaltendes Enzym enthält.

Eine große Kiwi deckt den Vitamin-C-Bedarf eines ganzen Tages. Pistazien sind reich an Vitamin B_1 – wichtig für die Funktion des zentralen Nervensystems.

ZUBEREITUNGSZEIT: *5 Min.*
PRO PORTION: *ca. 190 kcal, 10 g E, 11 g F, 10 g KH, 4 g BS*

FÜR 1 PORTION
1 reife Kiwi
15 g Pistazienkerne
1 Handvoll Zitronenmelisse
150 ml Sojadrink

1 **Die Kiwi schälen** und in Scheiben schneiden. Pistazien schälen. Melisse waschen und trocken schütteln. Sojadrink, Pistazien, Kiwi und Zitronenmelisse in einen hohen Rührbecher füllen und mit dem Stabmixer pürieren.

TIPP:

Wenn eine Portion zu viel sein sollte, nicht überessen! Im Kühlschrank lagern und später kalt oder getoastet mit etwas Obstsalat genießen!

PROTEIN-PANCAKES

ZUBEREITUNGSZEIT: *20 Min.*
PRO PORTION: *ca. 265 kcal, 13 g E, 14 g F, 22 g KH, 3 g BS*

FÜR 4 PORTIONEN (CA. 12 PANCAKES)

2 Eier
2 EL Honig
150 g Magerquark
gemahlene Vanille
50 g Buchweizenmehl
40 g Mandelmehl (ersatzweise gemahlene Mandeln)
½ TL Backpulver
1 Prise Salz
100 ml Milch
150 g Heidelbeeren
1–2 EL Öl zum Ausbacken
Zimtzucker, Ahornsirup oder Apfelmus (nach Belieben)

Mandelmehl enthält viel Eiweiß und wenig Fett. Gut für die eiweißreichen Pancakes.

1 **Die Eier trennen.** Eigelbe mit Honig, Quark und Vanille cremig schlagen. Die Mehle, Backpulver und Salz mischen. Im Wechsel mit der Milch unterrühren. Eiweiße steif schlagen, unter den Teig heben.

2 **Die Heidelbeeren waschen**, abtropfen und unter den Pancake-Teig ziehen. Eine beschichtete Pfanne mit Öl benetzen und nach und nach bei niedriger Hitze 12 Pancakes ausbacken. Dafür jeweils 2 EL Teig pro Pancake hineinsetzen. Wenn sich Bläschen an der Oberfläche bilden, wenden.

3 **Die Pancakes** nach Belieben mit etwas Zimtzucker, Ahornsirup oder am besten mit Apfelmus genießen.

BUNTER MILCHREIS

ZUBEREITUNGSZEIT: *15 Min.*
PRO PORTION: *ca. 480 kcal, 20 g E, 7 g F, 83 g KH, 4 g BS*

FÜR 2 PORTIONEN
300 ml Milch
70 g Vollkorn-Reisflocken
2 EL Honig
1 Prise gemahlene Vanille
1 Bio-Orange
1 Granatapfel
200 g Skyr

TIPP:
Reisflocken werden im Gegensatz zu normalem Milchreis aus Vollkorn hergestellt. Nicht zu lange ziehen lassen, sonst werden die Flocken matschig.

Skyr und Milch liefern Eiweiß. Reis und Obst enthalten viel Kalium und wenig Natrium und wirken dadurch entwässernd.

1 **In einem kleinen Topf** Milch und Reisflocken aufkochen und 10 Min. unter gelegentlichem Rühren quellen lassen. Mit Honig und Vanille verrühren.

2 **Inzwischen** die Orange heiß waschen, abtrocknen und die Schale abreiben. Die Orange bis aufs Fruchtfleisch schälen und das Fruchtfleisch in Würfel schneiden. Den Granatapfel auseinanderbrechen und die Kerne herauspulen. Zusammen mit Skyr, Orangenschale und Orangenstücken unter den noch warmen Reis rühren. Schmeckt warm und kalt.

VARIANTE:

Vegetarisch wird es mit 200 g Räuchertofu: in Würfel schneiden und anbraten.

LINSENSALAT MIT SPINAT UND LAMM

ZUBEREITUNGSZEIT: *20 Min.*
PRO PORTION: *ca. 330 kcal, 29 g E, 10 g F, 24 g KH, 9 g BS*

FÜR 2 PORTIONEN
100 g Berglinsen
1 Beutel Fencheltee
150 g Lammlachse (Filets)
Jodsalz, Pfeffer
3 EL Rapsöl
2 EL milder Essig
1 TL Dijon-Senf
100 g Baby-Blattspinat
100 g Himbeeren

Linsen sind nicht nur eine tolle pflanzliche Eiweißquelle, sie liefern zudem auch noch viel Eisen. Genau wie Spinat.

1 **Linsen mit dem Teebeutel** in 150 ml Wasser zum Kochen bringen und ca. 15 Min. garen, abkühlen lassen. Lammlachse salzen und pfeffern. In 1 EL Öl rundherum kräftig anbraten, mit Essig ablöschen. Das Fleisch in Alufolie wickeln und ruhen lassen. Den Fond mit 2 EL Wasser, übrigem Öl, Senf, Salz und Pfeffer zum Dressing rühren.

2 **Babyspinat und Himbeeren** waschen und verlesen, abtropfen lassen. Das Fleisch in Streifen schneiden, den Fleischsaft mit Dressing und Linsen mischen, kräftig abschmecken. Zuletzt Spinat und Beeren unterheben, Fleischstreifen darauf anrichten.

KARTOFFELSALAT MIT EI

ZUBEREITUNGSZEIT: *45 Min.*
PRO PORTION: *ca. 400 kcal, 20 g E, 23 g F, 27 g KH, 5 g BS*

FÜR 2 PORTIONEN
400 g vorwiegend festkochende Kartoffeln
150 g Kirschtomaten
1 Handvoll Rucola
2 Eier
1–2 EL Milch
80 g Reibe-Mozzarella
Jodsalz, Pfeffer
2 EL Rapsöl
100 ml Gemüsebrühe
1 EL Senf
1–2 EL milder Essig

TIPP

Mehrere Stunden abkühlen lassen – dann entwickeln sich resistente Stärken.

Die höchste biologische Wertigkeit, das heißt die Form, in der der Körper Eiweiß optimal verwerten kann, hat die Kombination von Kartoffeln und Ei.

1 **Die Kartoffeln waschen** und mit Schale in ca. 20 Min. weich garen. Mit kaltem Wasser abschrecken und pellen. Die Kartoffeln in Scheiben schneiden. Die Tomaten waschen und je nach Größe halbieren oder vierteln. Rucola waschen, trocken schleudern und grob hacken.

2 **Die Eier** mit der Milch, Mozzarella, Salz und Pfeffer verquirlen und in einer beschichteten Pfanne in ½ EL Öl stocken lassen, ein wenig rühren, abkühlen lassen. Aus dem übrigen Öl, der Brühe, Senf, Essig, Salz und Pfeffer ein Dressing rühren und unter die Kartoffelscheiben mischen. Übrige Zutaten und das Rührei unterziehen.

PILZ-NUSS-LASAGNE

Walnüsse punkten mit ungesättigten Fettsäuren, während Pilze Vitamin-D-reich sind und durch Ballaststoffe eine gesunde Verdauung unterstützen. Milchprodukte, Vollkornpasta und Pilze sorgen für optimales Eiweiß!

ZUBEREITUNGSZEIT: *50 Min.*
BACKZEIT: *35 Min.*
PRO PORTION: *ca. 525 kcal, 31 g E, 27 g F, 39 g KH, 9 g BS*

FÜR 1 AUFLAUFFORM (30 × 20 CM; 4-6 PORTIONEN)

800 g Champignons
Jodsalz, Pfeffer
50 g Walnusskerne
3 Frühlingszwiebeln
1 Bund Petersilie
200 g Kräuterfrischkäse
100 g Sahne
200 g körniger Frischkäse
frisch geriebene Muskatnuss
Vollkorn-Lasagneplatten (ca. 200 g)
50 g Reibekäse

TIPP:

Die Lasagne lässt sich prima portionsweise einfrieren – auch für den Babymoon.

1 **Die Pilze putzen** und in dünne Scheiben hobeln. Mit 1 TL Salz und Pfeffer mischen.

2 **Die Walnusskerne** grob hacken. Die Frühlingszwiebeln waschen, putzen und in schmale Ringe schneiden. Die Petersilie waschen, trocken schütteln und samt Stielen fein hacken.

3 **Den Kräuterfrischkäse** mit der Sahne, dem körnigen Frischkäse, Petersilie und Frühlingszwiebeln verrühren. Mit Pfeffer und Muskat abschmecken. Den Backofen auf 200° vorheizen.

4 **Nacheinander** ein Drittel von Pilzen, Nüssen, Lasagneplatten und Käsecreme in die Auflaufform schichten. Den Vorgang zweimal wiederholen, mit Pilzen und Käsecreme abschließen. Zuletzt mit Käse bestreuen. Die Pilze ziehen viel Wasser. Deshalb bilden sie die unterste Schicht und sollten nach ganz oben hin üppig eingeschichtet werden, damit die Lasagne nicht austrocknet. Im Ofen (Mitte) ca. 35 Min. garen.

VARIANTE:

Wer es zuckerfrei mag, kann den Zucker durch Erythrit ersetzen. Statt Schokolade passen auch gehackte Nüsse.

ZUCCHINI-BROWNIES

ZUBEREITUNGSZEIT: *30 Min.*
BACKZEIT: *20 Min.*
PRO PORTION: *ca. 75 kcal, 2 g E, 3 g F, 10 g KH, 2 g BS*

FÜR 1 BLECH (CA. 40 STÜCKE)
700 g Zucchini
100 g Zartbitter-Schokolade
50 g Kakaopulver
250 g Vollkorn-Dinkelmehl
50 g Feinblatt-Haferflocken
2 TL Backpulver
¼ TL Salz
60 ml Rapsöl
100 g Soft-Datteln
80 g Zucker
gemahlene Vanille

Durch gesundes Fett, Vollkorn, viel Gemüse und wenig Zucker sind diese Brownies eine tolle Zwischenmahlzeit. Zucchini sind kaliumreich – gut gegen Ödeme. Wer schlecht schläft, sollte sie nicht zu spät essen: Auch Schokolade macht wach!

1 **Den Backofen auf 175°** vorheizen. Die Zucchini waschen und raspeln. Die Schokolade grob hacken, beiseitestellen.

2 **Die Zucchiniraspel** mit allen übrigen Zutaten mit dem Stabmixer zu einem flüssigen Teig pürieren.

3 **Zum Schluss** die gehackte Schokolade unterheben. Den Teig in ein mit Backpapier ausgelegtes Backblech füllen. Im Ofen (Mitte) 15–20 Min. backen. Bei der Stäbchenprobe sollte noch etwas Teig am Stäbchen kleben bleiben.

TIPP:

Noch mehr Frucht: 250 g Aprikosen aufkochen, mit etwas Honig süßen, pürieren und zum Kuchen reichen.

KÄSEKUCHEN MIT APRIKOSEN

ZUBEREITUNGSZEIT: *45 Min.*
BACKZEIT: *45 Min.*
PRO PORTION: *ca. 185 kcal, 10 g E, 11 g F, 11 g KH, 1 g BS*

FÜR 1 SPRINGFORM (24 CM ∅; 12 STÜCK)

250 g Aprikosen
100 g Buchweizen
4 Soft-Datteln
80 g Walnusskerne
30 ml Rapsöl
2 Eier
80 g Erythrit
400 g Magerquark
250 g Ricotta
1 TL Backpulver
½ Pck. Vanillepuddingpulver

Magerquark und Ricotta sind tolle Eiweißlieferanten und machen satt. Die Süße kommt vom kalorienfreien Erythrit.

1 **Backofen auf 170°** vorheizen. Aprikosen waschen, entkernen und grob würfeln. Den Buchweizen in einer Pfanne ohne Fett anrösten. Die Datteln hacken. Mit Walnusskernen, 1 EL Wasser und Buchweizen im Blitzhacker zerkleinern. Die Krümelmasse als Kuchenboden in die gefettete Springform füllen, andrücken und kalt stellen.

2 **Öl, Eier und Erythrit** schaumig rühren. Quark, Ricotta, Backpulver, Puddingpulver und Aprikosenwürfel unterheben. In die Springform füllen und im Ofen (Mitte) ca. 45 Min. backen. In der Form im geöffneten Ofen langsam abkühlen lassen.

DER NEUNTE MONAT

Jetzt ist es bald so weit! Manchmal ist es ganz schön quälend, den Zeitpunkt der Geburt nicht selbst bestimmen zu können. Senkwehen lassen dein Kind tiefer ins Becken gleiten – idealerweise mit dem Kopf nach unten. Langsam wird es eng. Aber jeder Tag zählt, denn nun reifen die Lungen aus! Gerade jetzt heißt es für dein Baby: zunehmen, wachsen und reif werden für die Welt da draußen. Es nimmt nun die ganze Gebärmutterhöhle ein. Bereite alles für die Zeit nach der Geburt vor. Und freu dich auf dein Kind – es ist das Wunderbarste, was es gibt!

Was ich jetzt brauche

Die Körper bereitet sich auf die Geburt vor. Die Senkwehen verursachen ein leichtes Ziehen im Bauch. Dein Darm wird zunehmend träge. Dieses Problem wird dich auch noch nach der Geburt begleiten, ausgelöst durch die Hormonumstellung und das zunächst gelockerte Gewebe. Deshalb sind Ballaststoffe wichtig. Sie verhindern das Entstehen von Hämorrhoiden. Regelmäßig zu trinken ist wichtig – auch das sorgt für eine gesunde Verdauung. Suppen, Müslis oder Smoothies können eine Mahlzeit ersetzen, weil sie schneller den Magen passieren und wenig belasten.

SCHLAF

Liegen ist jetzt nicht mehr einfach. Hast du schon ein Stillkissen? Dann klappt es besser. Vermeide anregende Getränke und iss 2 Std. vor dem Schlafengehen nichts mehr. Wenn du trotzdem aufwachst und unruhig bist: Versuche es mit einem Glas warmer Honigmilch.

JETZT SIND BALLASTSTOFFE WICHTIG

BALLASTSTOFFE

Unter dem Sammelbegriff Ballaststoffe werden alle Bestandteile aus pflanzlicher Nahrung zusammengefasst, die von den Enzymen des Magen-Darm-Trakts nicht oder nur teilweise abgebaut werden können. Sie gelangen bis in die unteren Darmabschnitte und dienen dort den guten Darmbakterien als Nahrung. Dadurch fördern sie nicht nur die Verdauung, sondern stärken auch die Immunabwehr. Als unverdauliche Füllstoffe »verdünnen« Ballaststoffe den Energiegehalt der Nahrung und fördern das Sättigungsgefühl. Außerdem tragen sie dazu bei, dass der Blutzucker langsamer ansteigt.

WO SIND SIE DRIN?

Ballaststoffe sind nur in pflanzlichen Lebensmitteln enthalten. Je mehr Biss, desto mehr Ballaststoffe. So haben rohe Möhren mehr als gekochte, Grünkohl mehr als Kopfsalat. Vollkornbrot mehr als Weißbrot. Die Schale von Obst und Gemüse deshalb, wenn möglich, mitessen. In diesen Lebensmitteln sind Ballaststoffe besonders reichlich enthalten:

- Nüsse und Saaten: Mandeln mit Haut, Wal- und Haselnüsse, gelbe Leinsamen, Chia-Samen, Sesam, Sonnenblumen- und Kürbiskerne, Erdnüsse, Macadamia, Pistazien
- Vollkorngetreide: Vollkornbrot, Vollkornpasta, Getreidebeilagen, Flocken, Kleie
- Trockenobst: Feigen, Pflaumen, Datteln, Rosinen
- Obst: Beeren, Apfel und Birne mit Schale
- Hülsenfrüchte: Kichererbsen, Bohnen, Linsen, Erbsen
- Alle Gemüsesorten, vor allem: Artischocken, Pastinaken, Rosenkohl, Grünkohl, Fenchel, Brokkoli, Spargel

Auch wenn dein Baby schon ordentlich auf die Blase drückt, ausreichend trinken ist wichtig! Ballaststoffe benötigen Flüssigkeit, um zu quellen und ihre positive Wirkung zu entfalten. Sonst wirken sie wie ein Stöpsel und führen zu Verstopfung. Mindestens 1,5 Liter Flüssigkeit sollten es über den Tag verteilt sein, gerne auch mehr.

CHIA-DRINK

Chia-Samen und Himbeeren sind super ballaststoffreich und regen die Verdauung an.

ZUBEREITUNGSZEIT: *5 Min.*
QUELLZEIT: *12 Std.*
PRO PORTION: *ca. 130 kcal, 4 g E, 4 g F, 18 g KH, 6 g BS*

FÜR 1 PORTION
10 g Chia-Samen
180 ml Molke
50 g Himbeeren
1 TL Honig

1 **Chia-Samen mit Molke** oder Buttermilch 1–2 Std., besser über Nacht, einweichen.

2 **Die Beeren verlesen,** wenn nötig waschen und trocken tupfen. Mit dem Chia-Molke-Mix und dem Honig kurz pürieren, in ein Glas füllen und genießen.

INFO:

Molke schmeckt sauer und ist im Handel meist nur als Pulver oder Süßgetränk zu haben. Mit Glück findet man sie im Reformhaus.

BERUHIGENDE GEWÜRZMILCH

In Cashews und Milch ist Tryptophan enthalten, das die Schlafqualität fördert; Kohlenhydrate im Honig verbessern diese Wirkung. Die Gewürze enthalten beruhigende ätherische Öle.

ZUBEREITUNGSZEIT: *5 Min.*
PRO PORTION: *ca. 190 kcal, 8 g E, 9 g F, 19 g KH, 0 g BS*

FÜR 1 PORTION
200 ml Milch
1 Prise Koriander
1 Prise Anis
1 Prise gemahlene Vanille
1 TL Cashewmus
1 TL Honig

1 **Alle Zutaten** im Mixer pürieren und in eine große Tasse umfüllen.

2 **Den Milchmix** entweder auf dem Herd oder in der Mikrowelle kurz erwärmen, dann schlückchenweise genießen.

VARIANTE:

Du kannst die Gewürze tauschen: Auch Zimt, Lavendel und Fenchelsamen beruhigen.

ABENDTEE

Im letzten Monat kann schon die ein oder andere kleine Aufgeregtheit aufkommen. Kannst du abends nicht entspannen, wirken Melisse, Lavendel und Kamille beruhigend und schlaffördernd.

TIPP:

Wenn du es süß magst, gib 1 Steviablatt dazu. Die Pflanze gibt es im Topf fürs Fensterbrett.

ZUBEREITUNGSZEIT: *10 Min.*
PRO PORTION: *ca. 2 kcal, 0 g E, 0 g F, 0 g KH, 0 g BS*

FÜR 500 ML
1 Handvoll frische Melisseblätter
1–2 TL frischer Lavendel
1 TL getrocknete Kamille

1 **Die Kräuter** mit 500 ml kochendem Wasser übergießen und 10 Min. ziehen lassen.

MAGENTEE

Der Bauch ist schon fast voll, ganz ohne Essen! Gegen Völlgefühl hilft eine Tasse Magentee. Schafgarbe wirkt krampflösend, Koriander entblähend und Kümmel verdauungsfördernd.

TIPP:

1 TL Honig wirkt der leicht bitteren Note dieses Kräutertees entgegen.

ZUBEREITUNGSZEIT: *8 Min.*
PRO PORTION: *ca. 1 kcal, 0 g E, 0 g F, 0 g KH, 0 g BS*

FÜR 500 ML
1 TL Koriandersamen
1 TL Kümmelsamen
1 Handvoll Minzeblätter
1 TL frische, gehackte Schafgarbe

1 **Koriander- und Kümmelsamen** im Mörser grob zerdrücken. Kräuter waschen, trocken schütteln und mit den gemörserten Samen in eine Tasse füllen. Mit 250 ml kochendem Wasser übergießen und 7 Min. ziehen lassen.

APRIKOSEN-MANDEL-AUFSTRICH

ZUBEREITUNGSZEIT: *30 Min.*
PRO PORTION: *ca. 70 kcal, 2 g E, 2 g F, 9 g KH, 3 g BS*

FÜR 12 PORTIONEN
1 Bio-Orange
200 g getrocknete Aprikosen
50 g Mandeln
frisch geriebene Muskatnuss

Getrocknete Aprikosen sorgen für Ballaststoffe und für vom Körper gut verwertbares Beta-Carotin, das essenziell für das Sehvermögen ist. Mandeln liefern Ballaststoffe und ungesättigte Fette.

1 **Die Orange** heiß abwaschen, abtrocknen und die Schale abreiben. Die Orange halbieren und auspressen. 100 ml Saft abmessen. Die Aprikosen grob hacken. Die Mandeln ebenfalls hacken. Mit Aprikosen, Orangensaft und -schale mind. 1 Std., am besten über Nacht, quellen lassen.

2 **Alle Zutaten** mit 1 Prise Muskat im Blitzhacker fein pürieren. Ist die Paste zu fest, noch etwas Wasser oder Saft hinzufügen. In ein Schraubglas füllen und im Kühlschrank lagern. Bleibt dort ca. 10 Tage frisch.

ZUCKERFREIE BEEREN-MARMELADE

ZUBEREITUNGSZEIT: *5 Min.*
PRO PORTION: *ca. 35 kcal, 1 g E, 1 g F, 5 g KH, 2 g BS*

FÜR 12 PORTIONEN
200 g rote Beeren
50 g Apfelringe
1 EL Honig
3 EL Chia-Samen

TIPP:
Mango oder Melone statt Beeren machen den Aufstrich milder.

Da die Beeren nicht erhitzt werden, bleibt ihr Vitamin C erhalten. Ballaststoffe aus Chia-Samen, Beeren und Äpfeln sorgen für einen langsamen Blutzuckeranstieg und eine gesunde Verdauung.

1 **Rote Beeren**, Apfelringe und Honig im Blitzhacker fein pürieren. Die Chia-Samen unterrühren. Die Masse in ein Schraubglas füllen und über Nacht kalt stellen, bis die Marmelade streichfest ist.

2 **Im Kühlschrank** bleibt die Beerenmarmelade ca. 5 Tage frisch.

TIPP:

Die Gerichte auf dieser Seite kombinieren Gemüse und eiweißreiche Komponenten und werden mit Reis, Kartoffeln oder Nudeln zur Hauptmahlzeit.

GEMÜSECURRY

ZUBEREITUNGSZEIT: *30 Min.*
PRO PORTION: *ca. 330 kcal, 6 g E, 25 g F, 20 g KH, 6 g BS*

FÜR 7 PORTIONEN
500 g Pastinaken
500 g Sellerie
500 g Möhren
1 Stück Ingwer (1 cm lang)
3 EL Rapsöl
Jodsalz, Pfeffer
1–2 EL mildes Currypulver
2 Kaffir-Limettenblätter
120 g Cashewkerne
400 ml Kokosmilch (22 % Fett)
2 EL gehackter Koriander

Wurzelgemüse ist mild und basenbildend – gleichzeitig enthalten Pastinaken Inulin, das die Verdauung sanft anregt.

1 **Das Gemüse waschen,** schälen und in Würfel schneiden. Ingwer schälen und fein hacken. Das Öl in einem großen Topf erhitzen und die Gemüsewürfel mit Salz, Pfeffer und Curry darin anbraten. Ingwer und Limettenblätter hinzufügen und 300 ml Wasser angießen. Zugedeckt ca. 15 Min. garen.

2 **Inzwischen** die Cashewkerne grob hacken und in einer beschichteten Pfanne anrösten. Kokosmilch und Cashewkerne zum Gemüse geben. Limettenblätter entfernen. Das Curry abschmecken und mit Koriander garnieren. In 7 Portionen teilen und portionsweise einfrieren.

SUGO MIT HÄHNCHEN

ZUBEREITUNGSZEIT: *60 Min.*
PRO PORTION: *ca. 310 kcal, 24 g E, 16 g F, 16 g KH, 7 g BS*

FÜR 6–8 PORTIONEN
1 Zwiebel
100 g Soft-Aprikosen
1 Blumenkohl (ca. 1,2 kg)
600 g Hähnchenbrustfilet
Jodsalz, Pfeffer
6 EL Rapsöl
1–2 TL Fenchelsamen
800 g geschälte Tomaten (Dose)
1 EL Honig
3 EL Tomatenmark
100 g Sahne

VARIANTE:
Schmeckt auch mit Rosenkohl, Kohlrabi, Paprikastreifen oder Kürbisstückchen.

Tomaten und Aprikosen enthalten zellschützende Carotinoide. Geflügel sorgt für Eisen.

1 **Den Backofen** auf 200° vorheizen. Zwiebel schälen und würfeln. Aprikosen ebenfalls würfeln. Blumenkohl waschen, in Röschen teilen. Strunk und Stiele samt Blättern fein hacken. Fleisch in Streifen schneiden, salzen und pfeffern. Blumenkohlröschen mit 2 EL Öl mischen, salzen und auf einem mit Backpapier ausgelegten Backblech verteilen. Im Ofen (Mitte) ca. 20 Min. rösten.

2 **Das Fleisch** in 2 EL Öl anbraten. Warm halten. Zwiebel und Fenchelsamen im übrigen Öl anbraten. Tomaten und Aprikosen dazugeben und zugedeckt 20 Min. garen. Mit Honig und Tomatenmark pürieren. Mit Sahne, Fleisch und Blumenkohl mischen.

VARIANTE:

Eiweißreicher wird es, wenn du die Seitlinge durch Fischfilet oder ein kurzgebratenes Steak ersetzt.

148

PILZ-GRAUPOTTO

ZUBEREITUNGSZEIT: *30 Min.*
PRO PORTION: *ca. 535 kcal, 22 g E, 23 g F, 57 g KH, 4 g BS*

FÜR 2 PORTIONEN
1 kleine Zwiebel
200 g grüner Spargel
1 ½ EL Rapsöl
120 g Perlgraupen
300 ml Gemüsebrühe
300 g Kräuterseitlinge
1 EL Butter
Jodsalz, Pfeffer
100 g TK-Erbsen
2 EL Parmesan
2 EL Sahne

Erbsen, Pilze und Graupen liefern milde Ballaststoffe. Spargel enthält Inulin, das das Wachstum gesunder Darmbakterien fördert.

1 **Die Zwiebel schälen** und in kleine Würfel schneiden. Den Spargel waschen und im unteren Drittel schälen. Enden abschneiden. Spargel in 3 cm lange Stücke schneiden. Zwiebel in ½ EL Rapsöl in einem Topf andünsten, Spargel und Graupen dazugeben. Die Brühe angießen und ca. 15 Min. köcheln lassen.

2 **Inzwischen** die Kräuterseitlinge putzen und längs in 0,5 cm dünne Scheiben schneiden. In 1 EL Öl und 1 EL Butter kräftig von beiden Seiten anbraten, salzen und pfeffern. Die Erbsen zum Graupotto geben und 5 Min. mitgaren. Mit Parmesan, Sahne, Salz und Pfeffer abschmecken und mit den gebratenen Pilzen servieren.

POLENTA MIT ZUCCHINI

ZUBEREITUNGSZEIT: *30 Min.*
PRO PORTION: *ca. 620 kcal, 21 g E, 21 g F, 88 g KH, 7 g BS*

FÜR 2 PORTIONEN
320 ml Milch
frisch geriebene Muskatnuss
Jodsalz
120 g Polenta
ca. 200 g Zuckermais (1 Kolben)
300 g kleine Zucchini
Pfeffer
2–3 EL Mehl (Type 1050)
1 Ei
1 EL Milch
2 EL Rapsöl

VARIANTE:
Eiweißreicher wird es, wenn du die Hälfte der Zucchini durch Putenschnitzel ersetzt.

Milch, Ei und Polenta liefern gemeinsam Eiweiß, das sehr gut vom Körper verwertet werden kann.

1 **300 ml Milch,** 100 ml Wasser, 1 Prise Muskat und Salz zum Kochen bringen. Die Polenta einrühren und 10 Min. bei kleiner Hitze quellen lassen. Inzwischen den Mais waschen, die Körner vom Kolben schneiden und unter die Polenta ziehen.

2 **Die Zucchini waschen** und der Länge nach in 0,5 cm dicke Scheiben schneiden. Salzen und pfeffern, in Mehl wenden. Das Ei mit Milch, Salz und 1 Prise Muskat verquirlen. Die Zucchinischeiben darin wenden. Das Öl in einer beschichteten Pfanne erhitzen und die Zucchini darin von beiden Seiten knusprig braten. Zur Polenta reichen.

VARIANTE:

Wenn du die Kugeln mit Haselnüssen füllst, wird es etwas kalorienreicher und macht länger satt.

MARONI-KUGELN

ZUBEREITUNGSZEIT: *15 Min.*
PRO KUGEL: *ca. 30 kcal, 1 g E, 1 g F, 3 g KH, 0 g BS*

FÜR CA. 35 KUGELN
150 g Maronen (vorgegart und vakuumiert)
50 g helles Mandelmehl
80 ml Traubensaft
3 Soft-Feigen
3 EL Rapsöl
3 TL Kakaopulver
gemahlene Vanille
Ceylon-Zimtpulver
1 Prise Jodsalz

Durch Ballaststoffe im Mandelmehl und Eisen im Kakaopulver tust du deiner Verdauung und Blutbildung mit diesen Energie-Kugeln viel Gutes.

1 **Alle Zutaten,** bis auf 1 TL Kakaopulver, in den Blitzhacker füllen und zu einer homogenen Masse pürieren. Mind. 1 Std., am besten über Nacht, quellen lassen.

2 **Mit beiden Händen** kleine Kugeln daraus formen. Übriges Kakaopulver auf einen flachen Teller streuen und die Kugeln darin wälzen. In einer Frischhaltebox im Kühlschrank lagern. Bleibt gut gekühlt ca. 2 Wochen frisch.

MÜSLISCHNITTEN

ZUBEREITUNGSZEIT: *40 Min.*
BACKZEIT: *30 Min.*
PRO PORTION: *ca. 70 kcal, 1 g E, 3 g F, 9 g KH, 1 g BS*

FÜR CA. 40 RIEGEL
100 g getrocknete Apfelringe
300 g Apfelmus
100 g Walnusskerne
2 EL Honig
50 g Butter
1 TL Ceylon-Zimtpulver
100 g Feinblatt-Haferflocken
100 g Buchweizen
100 g Pop-Amarant

TIPP:
Für mehr Süße kannst du statt Apfelmus Bananen pürieren und verarbeiten.

Diese Riegel liefern langanhaltend Sättigung und Energie dank gesunder Fette in den Walnüssen und Ballaststoffen im Getreide.

1 **Den Backofen auf 150°** vorheizen. Apfelringe hacken und im Mus quellen lassen, dann pürieren. Inzwischen die Nüsse fein hacken. Honig, Butter, Zimt und Apfelmus cremig rühren. Dann Nüsse, Haferflocken, Buchweizen und Amarant unterrühren.

2 **Die Masse** auf einem mit Backpapier ausgelegten Bachblech (36 × 24 cm) ca. 1 cm hoch verstreichen und im Ofen (Mitte) ca. 30 Min. backen.

3 **Die Müslimasse** noch warm in ca. 5 × 2 cm lange Streifen schneiden. In einer Keksdose im Kühlschrank aufbewahrt sind sie 1 Monat haltbar.

GLOSSAR

ALGEN

Das Bundesinstitut für Risikobewertung empfiehlt, während der Schwangerschaft keine Algen zu essen, da diese stark schwankende und teilweise sehr hohe Jodgehalte aufweisen. Durch eine zu hohe Jodzufuhr kann sich beim Ungeborenen eine Schilddrüsenunterfunktion entwickeln. Nori, die zu den Rotalgen gehören, haben einen niedrigen Jodgehalt mit 9 200 µg auf 100 g trockene Algen. Wakame, die zu den Braunalgen gehören, enthalten bereits 14 200 µg Jod. Verzehrt man eher selten kleine Portionen dieser Sorten, ist die Jodaufnahme noch unbedenklich. Alle anderen Algenarten sind für Schwangere nicht geeignet. Viele essen Algen wegen ihres vermeintlich hohen Vitamin B_{12}-Gehalts. Dieser konnte in Studien jedoch nicht nachgewiesen werden.

AMARANT

Amarant eignet sich als Mehl für Brot, Pfannkuchen und Gebäck. Gepufft passt er in Süßspeisen und Müsli. Er schmeckt leicht nussig. Das Pseudo-Getreide hat einen niedrigeren Kohlenhydratgehalt und glykämischen Index als Vollkornweizen und ist frei vom Klebereiweiß Gluten. Amarant enthält doppelt so viel Eisen und das Siebenfache an Kalzium im Vergleich zu Vollkornweizen. Außerdem enthält er mehr essenzielle Aminosäuren und hat dadurch eine höhere biologische Wertigkeit. Amarant ähnelt in Aussehen und Nährwerten der Hirse.

BUCHWEIZEN

Das Pseudo-Getreide gibt es als Mehl, als ganzes Korn oder in Flocken. Ungeschälten Buchweizen sollte man vor dem Kochen heiß waschen und mehrmals spülen. Meist wird er in Geschäften jedoch als geschältes Korn angeboten. Kurz geröstet eignet er sich gut als knusprige Komponente auf Salaten, in Keksen oder Müsliriegeln oder in Müslis. Das Mehl, das sehr viel Flüssigkeit bindet, eignet sich für Gebäck und Pfannkuchen. Es enthält kein Gluten.

ERYTHRIT

Das Süßungsmittel sieht aus wie Zucker. Es hat ca. 70 Prozent der Süßkraft von Zucker und einen kühlenden Beigeschmack. Erythrit wird durch Fermentation gewonnen und hat ca. 20 kcal auf 100 g. Zum Vergleich: pro 100 g hat Zucker rund 400 kcal. Im Gegensatz zu Zucker wirkt sich Erythrit weder auf den Insulin- noch auf den Blutzuckerspiegel aus und verursacht kein Karies. Erythrit kann 1:1 als Zuckerersatz verwendet werden. Er schmilzt bei Hitze wie Zucker, wird dabei aber nicht braun. In der Regel wird Erythrit gut vertragen.

GLYKÄMISCHER INDEX

Der glykämische Index (Glyx) eines Lebensmittels bezeichnet, wie stark der Blutzuckerspiegel nach seinem Verzehr ansteigt. Als Referenzwert dient der Blutzuckeranstieg nach Traubenzucker (dieser liegt bei 100). Wenn ein Lebensmittel einen hohen glykämischen Index hat, geht der Blutzucker nach dessen Verzehr schnell in die Höhe. Entsprechend stellt die Bauchspeicheldrüse viel Insulin zur Verfügung, die den Zucker zum Verstoffwechseln aus dem Blut in die Zellen schleust. Der Blutzucker sinkt in der Folge steil ab und der Hunger kommt zurück. Bei einem niedrigen Glyx vollzieht sich der Prozess sanfter und die Sättigung hält länger an.

HIRSE

Verglichen mit anderen Getreidearten hat Hirse den höchsten Eisengehalt. Die goldgelben, kleinen, runden Körner können als ganzes Korn in Frühstücksbreien oder im Hirsotto verwendet werden. In Form von Flocken schmecken sie in Brei, Waffeln oder Pancakes. Hirse enthält viel Magnesium und Kieselsäure. Ersteres ist wichtig, um Krämpfen entgegenzuwirken, letzteres stärkt Nägel und Haare. Hirsekörner sollten gründlich in einem feinen Sieb mit kaltem Wasser abgespült werden, um Bitterstoffe und Phytin in der Schale zu entfernen. Phytin hemmt die Aufnahme von Kalzium, Eisen und Zink. Um dem entgegenzuwirken, sollte Hirse mit einem Vitamin-C-haltigen Obst oder Gemüse gegessen werden. Hirse enthält kein Gluten.

KEFIR

Kefir ist ein fermentiertes Milchgetränk aus Kuhmilch. Er schmeckt säuerlich-cremig wie fettarmer Joghurt, nur etwas dünnflüssiger. Der zugesetzte Kefirpilz verstoffwechselt den Milchzucker und bildet Kohlen- und Milchsäure. Durch die Fermentation hat der Kefir probiotische Eigenschaften und unterstützt so eine gesunde Verdauung.

KOFFEIN

Koffeinhaltige Getränke sollten nur in moderaten Mengen genossen werden.
200 mg Koffein pro Tag, das entspricht ca. drei Tassen Kaffee, sind das Maximum. Auf Energydrinks sollten Schwangere komplett verzichten, da diese zusätzliche Inhaltsstoffe wie Taurin und/oder Inosit enthalten, deren Auswirkungen auf das Kind noch nicht ausreichend untersucht sind.

MANDELMEHL

Mandelmehl entsteht als Rest bei der Herstellung von Mandelöl und schmeckt leicht nach Marzipan. Es enthält deshalb mehr Eiweiß als gemahlene Mandeln und deutlich weniger Fett. Deshalb hat es auch weniger als halb so viele Kalorien. Alternativ können aber natürlich auch gemahlene Mandeln verwendet werden. Allerdings benötigt man dann auch weniger Flüssigkeit, da gemahlene Mandeln weniger stark quellen wie Mandelmehl. Weißes Mandelmehl wird ohne, braunes mit der Mandelhaut angeboten. Deshalb enthält es mehr Ballaststoffe und quillt auch stärker.

MISOPASTE

Misopaste besteht aus gedämpften Sojabohnen, Getreide und Wasser. Diese werden mit Koji, einem Edelschimmel, zu einer cremigen, aromatischen Paste fermentiert. Sie wird verwendet wie gekörnte Brühe, ist aber durch die Fermentation gesünder.

QUINOA

Das Pseudo-Getreide Quinoa passt nicht nur gepufft in Müsli, sondern ist auch gekocht eine tolle Alternative zu Bulgur oder Hirse. Quinoa hat einen niedrigeren Kohlenhydratgehalt und glykämischen Index als Vollkornweizen. Außerdem enthält er kein Gluten. Quinoa enthält mehr Eiweiß und mehr essenzielle Aminosäuren als Weizenvollkorn, fast das Vierfache an Kalzium und fast das Doppelte an Eisen.

SOJASPROSSEN

Häufig sind die Sprossen, die in Deutschland als »Sojasprossen« verkauft werden, eigentlich Mungbohnensprossen. Sie sollten vor dem Verzehr unbedingt einmal erhitzt werden.

XYLIT

Wie Erythrit ist Xylit, auch Birkenzucker genannt, ein Zuckeralkohol, der als Zuckerersatz verwendet werden kann. Der Name stammt vom ursprünglichen Gewinnungsprozess: Holzzucker (Xylose) wird chemisch verändert. Im Gegensatz zu Erythrit hat Xylit 240 Kalorien pro 100 g. Xylit hat wie Erythrit einen leicht kühlenden Geschmack und wird in Kaugummis verwendet. Außerdem wirkt Xylit gegen Karies und findet in Zahnpasta Verwendung. Da im Darm nur kleine Mengen aufgenommen werden können, kann Xylit schnell abführend wirken. Xylit kann in Gerichten 1:1 als Zuckerersatz verwendet werden.

REGISTER

IMPRESSUM

GU ist eine eingetragene Marke der GRÄFE UND UNZER VERLAG GmbH, www.gu.de

ISBN 978-3-8338-7345-4
5. Auflage 2026

Projektleitung: Monika Greiner/Stephanie Wenzel
Lektorat: Margarethe Brunner
Korrektorat: Waltraud Schmidt
Bildredaktion: Simone Hoffmann, Nele Schneidewind
Innen- und Umschlaggestaltung: independent Medien-Design, München: Horst Moser (Artdirection)
Herstellung: Petra Roth
Satz: Christopher Hammond
Reproduktion: Medienprinzen GmbH, München
Druck und Bindung: Firmengruppe APPL, aprinta druck, Wemding

UMWELTHINWEIS:

Nachhaltigkeit ist uns sehr wichtig. Der Rohstoff Papier ist in der Buchproduktion hierfür von entscheidender Bedeutung. Daher ist dieses Buch auf PEFC-zertifiziertem Papier gedruckt. PEFC garantiert, dass ökologische, soziale und ökonomische Aspekte in der Verarbeitungskette unabhängig überwacht werden und lückenlos nachvollziehbar sind.

DIE AUTORIN:

Dagmar von Cramm ist eine der bekanntesten Food-Journalistinnen und prominenteste Ernährungsexpertin Deutschland. Viele ihrer über 4 Millionen verkauften Bücher sind seit Jahren Bestseller und begleiten Familien schon über Jahre hinweg. Sie lebt in Freiburg mit Mann, Hund und Hühnern; ihre drei Söhne sind dem Familientisch zwar entwachsen, aber mittlerweile ist das Enkelkind erster Testesser.

DANKSAGUNG:

Mein besonderer Dank gilt meiner Volontärin Denise Fuchs und meinen Praktikanten – alles Ökotrophologen – für die engagierte Unterstützung bei der Arbeit an diesem Buch.

DIE FOTOGRAFIN:

Mona Binner arbeitet nach einer Ausbildung als Werbefotografin und Assistenzen in Hamburg und London, seit 2007 ausschließlich im Food-Bereich. Sie realisiert mit Herzblut, Genuss und Liebe Food in allen Variationen für Unternehmen, Magazine und Verlage. Mona Binner lebt mit Mann, Sohn und Katzen in Hannover.

BILDNACHWEIS

Autorenfoto Dagmar von Cramm: Barbara Bonisolli, München
Coverfoto: GU-Archiv/Klaus Arras (3), GU-Archiv/Grossmann&Schürle, GU-Archiv/Coco Lang (2), GU-Archiv/Mathias Neubauer, GU-Archiv/Wolfgang Schardt (2);
Alle Rezeptfotos: Mona Binner, Hannover
Adobe Stock: S. 8, 19, 84, 98 (o.), 112 (o), 126 (o.); F1-Online: S. 28 (o.); Getty Images: S. 23, 40, 42 (u.), 56 (o.), 70 (u.), 82, 98 (u.), 112 (u.), 140 (u.); GU-Archiv/Fotos mit Geschmack: S. 127; GU-Archiv/Kramp+Gölling: S. 141; GU-Archiv/Anke Schütz: S. 13; iStockphoto: S. 12, 14, 15, 16, 21, 22, 25, 26, 28 (u.), 29, 42, 43, 54, 56 (u.), 57, 68, 70 (o.), 71, 96, 99, 138; Mauritius Images: S. 126 (u.), 140 (o.); Privat: S. 2, 6; Seasons Agency: S. 85, 113; Shutterstock: S. 110; Stocksy: S. 5, 124

Syndication: www.imageprofessionals.com

BACKOFENHINWEIS:

Die Backzeiten können je nach Herd variieren. Die Temperaturangaben in unseren Rezepten beziehen sich auf das Backen im Elektroherd mit Ober- und Unterhitze und können bei Gasherden oder Backen mit Umluft abweichen. Details entnehmen Sie bitte Ihrer Gebrauchsanweisung.

QUALITÄTS GARANTIE

LIEBE LESERINNEN UND LESER,

wir wollen Ihnen mit diesem Buch Informationen und Anregungen geben, um Ihnen das Leben zu erleichtern oder Sie zu inspirieren, Neues auszuprobieren. Wir achten bei der Erstellung unserer Bücher auf Aktualität und stellen höchste Ansprüche an Inhalt und Gestaltung. Alle Anleitungen und Rezepte werden von unseren Autoren, jeweils Experten auf ihren Gebieten, gewissenhaft erstellt und von unseren Redakteur*innen mit größter Sorgfalt ausgewählt und geprüft.

Haben wir Ihre Erwartungen erfüllt? Sind Sie mit diesem Buch und seinen Inhalten zufrieden? Wir freuen uns auf Ihre Rückmeldung. Und wir freuen uns, wenn Sie diesen Titel weiterempfehlen, in Ihrem Freundeskreis oder bei Ihrem Online-Kauf.

Sollten wir Ihre Erwartungen so gar nicht erfüllt haben, tauschen wir Ihnen Ihr Buch jederzeit gegen ein gleichwertiges zum gleichen oder ähnlichen Thema um.

KONTAKT ZUM LESERSERVICE

GRÄFE UND UNZER VERLAG
Grillparzerstraße 8
81675 München
www.gu.de